좀 더 깊게 꽃을 사랑하는 사람들을 위한 ㅈ 침서

꽃과 화훼 Flower & Floricultural Crops

이 책은 꽃과 화훼에 대한 이해의 폭을 넓혀주는 동시에 화훼 용어사전의 기능도 있습니다

김규원

부민문화사

머리말

현재의 우리 사회는 전통사회의 가치 덕목이라고 할 수 있는 대면적 인간관계, 가족주의, 충효사상 등은 점차 사라지고 있는 반면, 개인주의, 기능과 능률 중심의 사회화, 도시화, 공업화가 심화되고 있어 인간관계는 기계화되고 인간미마저 점차 떨어져 정이 메마른 사회로 변하고 있다.

유럽인들은 원예가 가장 큰 취미로 꽃에 대해 풍부한 지식을 가지고 있다. 네덜란드에서는 정원가꾸기대회를 매년 개최하고 있다. 이 대회의 목적은 '꽃을 키우는 것은 자신이 보고 즐기는 것보다도 타인에게 즐거움을 주기 위해서'라고 한다. 대형 슈퍼마켓의 출입구나 주유소에는 의례 생화나 작은 화분을 파는 코너가 자리 잡고 있다. 이렇듯, 유럽에서는 꽃이 생활 속에 어우러져 있고 생활필수품화 됨으로써 현대 사회의 각박함을 메워가고 있는 것이다.

우리의 경우 꽃에 대한 무관심 그 자체로, 꽃보다는 빵을 선호하며, 꽃은 공짜로 얻어오는 것이라는 관념이 뿌리 깊게 머릿속에 박혀있다. 꽃을 사치품화 하는 풍조는 오랫동안 가난한 삶 속에서 먹을거리만을 추구해 온데 원인이 있겠지만, 경제적으로 여유롭고 세계의 문화를 다양하게 접할 수 있는 현 시점에서는 벌써 생각의 전환이 있어야 옳지 않았던가 싶다.

꽃은 생물학적 측면에서뿐만 아니라 경제, 사회, 문화, 환경적인 측면에서도 매우 중요한 기능과 역할을 하고 있다. 이러한 관점에서 본인이 40년간 외길을 걸어오는 동안 꽃과 관련된 읽고, 메모, 그리고 강의 노트에 적힌 내용을 중심으로 한 권의 책을 엮었다. 이 책이 일반인과 입문자들에게 꽃과 화훼에 대한 이해의 폭을 넓히는 계기가 되었으면 하는 바람이다. 한글과 영문 찾아보기가 있어 작은 사전의 역할도 가능하다. 가벼운 마음으로 읽어주길 바란다.

원고 정리에 큰 도움을 준 김민희 박사, 김지선 대학원생, 그리고 원고를 꼼꼼하게 교정봐 준 오욱 교수께 깊은 감사의 뜻을 전하고 싶다.

2010. 9. 김 규 원

차 례

제1부 꽃과 화훼의 이용

제2부 화훼의 이름과 분류

제3부 화훼의 생활환

제4부 화훼의 생물학

제5부 화훼의 구조와 모양

제6부 화훼의 생식과 번식

제7부 화훼의 개화와 환경

제8부 화훼의 품질과 수명

제9부 화훼의 육종

제1부

꽃과 화훼의 이용

01. 꽃이란 무엇인가

02. 화훼는 어떻게 이용되고 있는가

03. 화훼는 돈이며 판매 형태가 다양하다

01 꽃이란 무엇인가

사람이 하루를 행복해지고 싶으면 술을 마시고, 한 달을 행복하려면 한 마리의 돼지를 잡고, 일 년을 행복하려면 결혼을 하고, 평생을 행복하게 살려면 아름다운 정원을 만들라는 속담이 있다. 이처럼 화훼는 사람을 행복하게 한다는 생각이 오래전부터 있어 왔다. 사람이 꽃을 변화시키기도 하지만 꽃 역시 인간의 감성과 활동을 변화시키는 힘, 즉 정보를 가지고 있다는 의미이다. 꽃이 가지고 있는 정보란 꽃의 기능과 역할을 의미하며, 이러한 꽃의 기능과 역할을 경제, 사회, 문화 및 환경적 기능으로 바꾸는 것이 가능하다.

꽃은 두말할 것도 없이 생물학적으로는 생식기관이다. 하지만 꽃은 기호품적인 측면이 강해 고품질이 요구되는 한편, 연중수요가 있어 돈과 직결될 수밖에 없고 이로 인해 화훼산업이 탄생하게 되는 것이다. 이외에도 꽃은 다양한 기능과 역할이 있어 인간과는 깊은 관계를 맺어오고 있다. 그 개요는 다음과 같으나 꽃과 돈과의 관련성, 꽃의 생식, 품질, 주년개화와 관련된 내용은 매우 중요하므로 뒷장에서 언급하기로 한다.

꽃은 청량음료이다

인간만이 꽃의 아름다움을 알고 있다. 한국인은 자연의 정취와 멋을 중시하고 꽃의 아름다움을 마음껏 사랑하는 부드럽고 낭만적인 민족이다. 꽃을 사랑하는 마음은 미남미녀에 매혹된 것과 같이 인간성의 바탕에 잠재해 있는 아름다운 의식의 발로로서 인간적인, 가장 인간적인 것 가운데 하나라고 할 수 있다. 동물은 꽃을 즐기려 하지 않으며, 곤충이나 작은 새는 꽃에 있는 꿀이나 벌레를 찾을 뿐 꽃의 아름다움에 대해서는 관심이 없다.

도시화와 기계화의 진행으로 인간미가 부족한 현대사회에서 꽃은 사람의 마음에 아름다움의 의식과 사랑의 감정을 불러일으키는 플로라의 선물이라 할 수 있다. 이러한 관점에서 꽃은 하나의 청량음료라고 할 수 있다.

꽃은 예술과 문화를 탄생시킨다

꽃은 그림, 시, 조각, 염직, 공예 등의 대상으로 그 자체가 미술품적인 요소를 갖추고 있을 뿐만 아니라, 꽃꽂이, 꽃다발 등의 화훼장식과 조경 등의 원예미학을 탄생시켜 우리들의 마음의 세계를 풍요롭게 해주고 있다. 꽃의 아름다움은 색이나 모양뿐만 아니라 생명을 가지고 있다는 점이 더욱 중요한 아름다운 요소이다. 이것은 곧 예술과 문화를 탄생시키는 원동력이 되고 있다.

꽃은 문화수준의 척도이다

문화생활이라고 하는 것은 정서 생활을 의미하는 것으로 곧 복지국가의 척도가 되는 것이다. 어느 국가의 경제수준은 국민총소득으로 따질 수 있지만, 문화생활을 하고 있느냐 그렇지 않느냐 하는 생활수준은 국민총소득과는 별개의 문제이다. 그래서 특정 국가의 생활수준을 가늠하는 지표의 하나로서 1인당 꽃소비량이 활용되고 있다. 그래서 1인당 꽃소비량이 적거나 녹지소유 면적이 작은 나라는 생활수준이 낮은 나라로 인식되고 있다. 이와 같이 꽃은 문화수준의 척도가 되고 있는 것이다.

한국 국민의 1인당 연간 꽃소비액은 1990년 5,646원, 2000년 13,861원이던 것이 2008년에는 17,847원을 기록하고 있다. 그러나 한국의 1인당 꽃소비액은 스위스 등 북유럽 국가에 비하면 10% 수준이며, 일본에 비해서도 30% 수준밖에 되지 않는다. 또한 국민 1인당 소득액과 꽃소비액을 비교해 보면, 노르웨이는 0.64%, 스위스는 0.39%, 미국은 0.23%, 일본은 0.17%, 한국은 0.12% 정도이다. 이러한 지표는 선진국 국민들이 한국인에 비해 여유 있는 생활, 보다 문화적이고 정서적인 생활을 하고 있다는 것을 의미하는 한편, 금후 우리나라에서도 생활수준의 향상과 함께 꽃

소비액이 크게 증가될 것이라고 예측할 수 있다.

인구 밀도가 세계 2, 3위인 한국에서는 1인당 녹지 소유면적과 함께 다시 한번 꽃에 대해 생각해 보아야 할 시점이다. 그리고 꽃은 복지와 후생적 기능이 강하므로 삶의 질 차원에서 꽃 한 포기라도 심고 사랑하는 마음을 가져야 겠다. 식탁 위의 꽃 한 송이는 우리들 정서를 풍부하게 만드는데 기여한다.

꽃은 국제성이 있다

꽃은 민족과 국가를 초월하여 전 세계적으로 동일한 종류와 품종을 이용하고 있다. 우리가 흔히 알고 있는 국화, 장미, 카네이션, 나리, 수선 등의 화훼류는 세계 각 나라가 공통으로 이용하고 있는 종류이다. 품종의 유행 또한 대단히 빨라 어느 품종이 유행하고 있는가 하면 또 다른 신품종이 만들어지고 있다. 따라서 이러한 유행의 흐름을 파악할 정도가 되면 외국인과의 수준 높은 대화가 이루어질 수 있으며 선진 국민이라 할 수 있다.

우리나라는 화훼에 대한 지식이 황무지나 다름없다. 지금부터 한 가지 꽃에 깊은 관심을 갖도록 하자. 예를 들면, 난초, 국화, 장미, 나리, 카네이션 등 종류별 또는 다육식물, 미니식물, 야생식물, 무늬식물, 벌레잡이식물 등 특수한 그룹에 대한 정보를 수집하고 실제 키워 가면서 이해의 폭을 넓혀 가도록 하면 머지않아 상당한 권위를 가질 수 있을 것이다.

그린섬(green thumb)은 녹색 손가락으로 번역할 수 있지만 그 의미는 아마추어로서 화훼를 잘 키우는 사람을 말한다. 적어도 게발선인장의 꽃을 매년 피울 수 있는 정도이면 그린섬에 해당된다. 다음은 보다 어려운 글록시니아, 아프리칸바이올렛, 시클라멘 등이 순서를 기다리고 있다. 우리 모두 그린섬이 되어 보자. 꽃은 국제성이 있기 때문이다.

꽃은 공기를 맑게 한다

모든 식물은 광합성을 하기 때문에 산소를 배출하고 이산화탄소를 흡수하여 공기를 맑게 해준다. 이외에도 대기 중에 있는 먼지 등의 오염물질은 잎의 기공으로 흡수되어 대사에 이용되고, 휘발성 유기화합물은 뿌리 부근에서 미생물에 의해 분해된다. 식물이 내뿜는 음이온은 오염물질을 제거하고 인간의 대사활동을 촉진하며, 향은 스트레스를 완화하고 쾌적한 분위기를 조성하는 데 일조한다. 식물의 증산작용은 대기 중의 상대습도를 높이며, 식물은 실내의 급격한 온도 변화를 방지하는 한편, 소음 완화나 옆 공간과의 차폐 효과도 있다.

꽃에 대한 사회적 요구가 확산되고 있다

서울에서 개최된 2001년 제 36회 국제기능올림픽대회와 인도에서 개최된 2003년 국제장애인기능올림픽대회 때부터 화훼를 이용하여 실내·외를 장식하는 화훼장식 부문이 정식종목으로 채택되었다. 한국의 대표선수가 국제대회에 출전하기 위해서는 국내대회를 반드시 거쳐야 한다. 이와 같은 국내 및 국제대회의 관리와 심사는 물론이고, 우수선수를 선발하여 훈련시키고 국제대회를 통한 국제교류와 국위선양을 위해서는 고도의 전문성을 갖춘 인재가 필요하다. 이를 반영하여 국가기술자격 화훼장식기능사와 화훼장식기사 시험이 각각 2004년과 2005년부터 시행되고 있다.

이 뿐만 아니라 교육용 소재, 원예치료와 향기치료 등을 통한 육체와 정신작용의 증진, 그리고 실버타운 등에서의 여가활동의 선용과 같은 복지생활을 영위하고자 하는 시대 및 사회적 요구 또한 크게 높아지고 있다.

꽃은 생활필수품화 되고 있다

화훼는 국내·외적으로 감정전달의 수단, 커뮤니케이션 효과, 원예미학과 화훼장식학의 탄생, 문화수준의 척도 등 문화적 측면에서, 그리고 생활환경의 개선, 환경보전, 대기정화, 아름다운 경관의 조성 등 환경적 측면에서 다양한 기능과 역할을 하고 있을 뿐만 아니라, 결혼식, 장례식, 이벤트 행사, 국내·외의 각종 회의 등에서는 꽃이 생활필수품화 된 지 오래이다.

꽃은 환경을 아름답게 한다

도시의 환경은 화단 만들기, 잔디 조성, 벽면녹화, 그린인테리어 등의 방법을 통해 개선될 수 있다. 화단을 만들 때에는 관상하는 계절에 따라 봄화단, 여름화단, 가을화단, 겨울화단을, 형상에 따라 원형화단, 띠모양화단, 다각형화단을, 양식에 따라 평면화단, 입체화단, 옥상화단, 실내화단, 테라스화단, 벽면화단 등 건축물과 관련된 화단을 만들 수 있다. 또한 계절별로 다른 초화를 용기에 심는 박스화단도 만들 수 있다. 이렇게 실내·외의 공간을 꽃으로 장식함으로써 정서 순화는 물론이고 주변 환경을 연중 아름답게 꾸밀 수 있다.

꽃은 사람의 마음을 훈훈하게 해 준다

젊은 연인들이 사랑을 고백할 때 주는 꽃 한 다발은 더 없이 아름다운 한 폭의 그림이다. 서구인에게의 꽃 한 다발은 초콜릿 한 상자, 포도주 한 병과 더불어 이웃 친구에게 주는 일반적인 선물이다. 꽃 한 다발을 받아 들고 서서 그 향을 맡으며 찬사를 아끼지 않는 모습은 선물을 준 사람의 마음을 편안하고 흐뭇하게 해 준다. 꽃 몇 송이는 집안의 분위기를 밝게 해주고 넉넉한 마음을 보여주는 것이다. 꽃을 사는 것은 농업인을 돕는 길이며 도시인과 농업인이 정을 나누는 길이기도 하다. 이와 같이 꽃 한 송이나 한 다발의 의미는 큰 것이다.

꽃은 사람의 의사를 전달한다

사람이 꽃을 고를 때 무엇을 기준으로 선택하는 것일까? 꽃의 색깔에는 따뜻하다, 귀엽다 등 여러 가지 감정 효과가 있으며, 꽃은 무언가의 의미를 사람에게 전달하는 메시지 효과도 있다. 선물용으로 꽃을 이용하고자 할 때에는 사람이 색깔로부터 받는 이미지가 연상되는 꽃의 종류를 반드시 알아둘 필요가 있다.

장미, 하와이무궁화, 튤립, 달리아의 빨간색은 따뜻하고 크게 보이는 색으로 정열, 애정, 위험을 나타낸다. 코스모스, 벚나무, 복숭아, 시클라멘, 스위트피의 분홍색은 로맨틱하고 귀엽고 사랑스러운 색으로 귀여움, 순수함, 부드러움을 뜻한다. 국화, 민들레 마타리, 해바라기의 노란색은 건강하고 경쾌함을 나타내는 색으로 명랑, 쾌활, 활발한 이미지가 있다. 잇꽃, 금목서, 매리골드의 오렌지색은 밝고 건강한 색으로 양기가 있고 건강하고 버릇이 없는 등의 의미가 있다. 용담, 달개비의 파란색은 싱싱하고 침착하며 조용한 색으로 침착, 진실, 청순한 이미지를 준다. 도라지, 나팔꽃, 수국, 붓꽃의 보라색은 품격과 신비를 나타내는 색으로 신비, 기품, 고독의 뜻이다. 은방울꽃, 마가렛, 자스민, 해오라비난초의 흰색은 순수하고 청초한 색으로 청결, 순수, 신성을 나타낸다.

사람은 꽃을 통해 자기의 의사를 타인에게 전달할 수 있다. 꽃마다 꽃말이 있다는 것은 꽃이 의사소통을 가능하게 한다는 것을 시사하고 있다. 붉은 장미에서 불타는 정열과 사랑을, 토끼풀의 하얀 꽃을 반지로 만들어 줌으로써 사랑의 언약을 하며, 물망초를 통하여 영원한 우정을 표시하기도 한다. 꽃과 꽃말들을 잘 이용하는 것은 현대인의 생활의 지혜가 될 것이다. Say it with flowers, '꽃으로 말하라'를 다시 한 번 음미해 보자.

꽃은 특정 지역의 식물을 총칭한다

플로라(Flora)는 로마신화에 나오는 매우 아름다운 여신인 꽃의 신의 이름이지만, 특정 국가 또는 지방의 식물을 총칭하는 경우도 있다. 예를 들면 한국의 식물을 총칭할 경우 Flora of Korea라고도 한다. 또 flower나 florist와 같은 단어의 어원은 플로라에서 비롯된 것이다.

02

화훼는 어떻게 이용되고 있는가

국제원예학회는 건강한 생활의 실천과 아름다운 환경의 창조를 원예의 목표로 하고 있다. 일본에서는 여가활동의 지원도 원예의 목표에 첨가되어야 한다고 주장하고 있다. 이와 같이 화훼의 중요성은 최근 급속히 확산되고 있다. 그 배경은 모든 사람이 건강하고 윤택한 정신 생활을 자연과 가깝게 영위하고, 생활을 보다 아름답게 하고, 삶의 질을 향상시키기 위해서는 화훼가 필수 불가결한 매우 중요한 존재로서 인식되고 있기 때문이다.

그렇다면 화훼란 무엇이며 어떻게 이용되고 있는가에 대해 알아볼 필요가 있다. 화훼는 다방면에서 이용되고 있지만 화훼를 어떻게 이용하느냐, 즉 화훼를 이용하는 방향에 따라 그 영역이 세분화되거나 창조되고 있다. 이와 관련되는 용어의 개념과 그 영역을 간단히 소개하면 아래와 같다.

화훼

화훼(floricultural crop)는 관상 가치와 경제적 가치를 동시에 갖는 모든 식물을 말한다. 관상식물(ornamental plant)이라 하지 않고 화훼라고 하는 이유는 관상식물에는 경제적인 식물, 즉 작물이라는 뜻이 내포되어 있지 않고 단어도 네 글자로 길기 때문이다. 실용적으로는 색채나 모양이 아름다운 식물로서 플라워샵에서 취급하고 있는 절화, 분화, 화단묘, 관상수, 구근, 종자, 묘목, 잔디 등의 지피식물을 화훼라고 규정할 수 있다.

유럽과 미국에서는 절화, 분화와 화단묘를 화훼라 하고, 여기에 관상수와 지피식물 등과 같은 조경용 식물을 추가하여 관상식물로 부르기도 하고, 조경용 식물만을 관상식물이라 하기도 한다.

이와 같이 화훼란 용어의 의미는 관상식물과 같지만 나라에 따라서는 다른 뜻으로 사용되기도 한다.

원예

원예(horticulture)는 식물성 부식인 채소, 식사한 다음 후식으로 먹는 과일, 관상용 식물인 화훼를 생산하여 가공하고 유통시키는 농업의 한 분야를 나타내는 용어이다. 따라서 원예라는 단어 속에는 채소, 과수, 화훼를 총칭하는 의미가 내포되어 있다. 원예의 생산액은 11~12조원 정도이며, 농약, 비료, 자재, 무역 등의 관련 분야를 포함하면 원예는 상상 이상의 큰 산업을 이루고 있다.

화훼원예

화훼원예(floriculture)란 꽃을 의미하는 flori와 재배를 의미하는 culture의 합성어로서, 판매 목적으로 화훼를 생산하거나 경매, 도매, 소매 등과 같이 화훼를 유통시키거나, 화훼장식 등에 화훼를 이용하거나, 압화나 염색화 등과 같은 가공품을 제작하여 판매하는 분야를 의미한다. 특히 영리 목적으로 화훼를 생산하여 공급하는 것은 생산화훼(commercial floriculture)라고도 한다.

도시원예

도시원예(urban horticulture)는 환경을 녹색화하거나 미화하는 것을 목적으로 한다. 도시원예라고 하는 용어는 1990년대부터 빈번히 사용되고 있으며, 도시 내의 공원, 도로, 하천, 공장, 주택단지, 건축물의 옥상, 벽면, 그리고 실내 등의 각종 시설이나 공간을 꽃으로 장식하거나 마을 전체를 꽃으로 장식하는 꽃마을 만들기로 정의할 수 있다. 도시원예는 도시의 경관이나 시민생활의 쾌적성 향상에 기여한다는 의미가 있어 경관원예(landscape horticulture)와 비슷하게 사용되고 있다.

도시원예는 공공사업적인 성격이 강하므로 꽃 하나의 아름다움보다도 꽃을 장식 소재로 활용하여 주변의 경관, 즉 환경과 디자인적 조화를 이루는 것이 중요하다. 도시원예에서 주로 사용하는 꽃의 재료로는 환경 내성이 강한 식물, 개나리나 장미와 같이 꽃이 피는 관목으로 개화기간이 긴 종류, 담쟁이덩굴, 등나무 등의 덩굴성 식물, 그리고 잔디와 같은 지피식물 등이 바람직하다. 그 이유는 평탄지나 수직면 등 꽃이 피는 장소가 다양하고, 토양조건이 좋지 않고, 꽃을 심은 후의 관리가 어렵기 때문이다.

두바이에서는 지금 한창 사막을 인공도시로 만들고 있다. 눈에 띄는 것은 길가에 나무를 심고 잔디를 관리하는 모습으로, 각각의 나무나 잔디밭에는 물을 공급하는 호스나 스프링클러가 설치되어 있다. 사막의 도시에서도 막대한 돈을 들여 도시원예를 실천하고 있는 것이다.

사회원예

생활원예, 가정원예, 실내원예, 베란다원예 등을 포함하는 취미원예와 원예치료 등의 분야를 사회원예(social horticulture)라 한다. 사회원예학 역시 1990년대 이후에 각광을 받고 있으며 소비자는 생산자 못지않게 원예 분야에 미치는 영향이나 역할이 크다는 인식에서 출발된 개념이다. 인간은 원예와 어떤 관련성이 있는가? 또 원예로부터 어떤 은혜를 받고 무엇을 배우고 있는가? 이에 대한 해답을 목적으로 하는 학문이 사회원예학이다. 여기에서 얻은 연구 성과는 개인적인 심신의 건강과 생활의 질 향상에 활용되는 것은 물론이고, 사회적으로는 교육이나 실내 · 외의 쾌적한 환경을 창조하고 유지 관리하는 등에 활용되고 있다.

취미원예

취미원예(amateur horticulture)는 직업적으로 상품을 생산하거나 판매하여 경제적인 이익을 목표로 하는 화훼원예와는 달리, 아마추어가 경제적 이익과는 무관하게 개인의 취향에 따라 취미와 오락으로 화훼를 재배하고 그 생산물을 감상하면서 즐기는 것이다. 결국, 취미원예는 아마추어가 생활의 일부로서 실내 · 외에서 행하는 원예활동을 의미한다. 그러므로 생활원예, 가정원예, 실내원예 등은 직업적이지 않다는 점과 상품생산을 목적으로 하지 않고 원예활동 그 자체를 즐긴다는 점에서 취미원예라고 할 수 있다. 원예활동은 값싸고 손쉬운 레저 활동이며 스트레스나 운동 부족의 해소책으로도 바람직하다.

생활원예가 가정원예나 실내원예와 다른 점은 실내에서의 원예활동뿐만 아니라 식물원이나 관광농원에서 꽃을 감상하거나, 텃밭, 정원, 주말농장에서 꽃을 키우면서 즐기는 것도 그 대상으로 하고 있다는 점이다. 따라서 생활원예는 실내 공간에서뿐만 아니라 야외에서도 행할 수 있는 원예활동으로 정의할 수 있으며, 식물을 키우거나 감상하면서 얻을 수 있는 정서함양, 체력증진, 여가선용 등을 목적으로 하는 분야이다.

원예치료

원예치료(horticultural therapy)는 최근 주목을 받고 있는 분야로, 일본에서는 원예요법이라고도 한다. 전문적인 훈련을 받은 사람이 의료나 복지차원에서 도움이 필요한 대상자의 성격을 파악한 다음에, 목표로 하는 증상을 이해하고, 그 치료나 개선 또는 개량을 위한 절차로서 원예를 이용하고, 그 과정과 성과를 기록하고 평가하여 다음의 절차를 선택하면서 목표를 향해 진행하는 일련의 수법이라고 일본에서는 규정하고 있다. 따라서 원예치료는 심신의 치료를 목적으로 하기 때문에, 취미, 오락 또는 건강 유지를 위한 원예활동과는 구분할 필요가 있다.

원예치료는 예술요법이나 식이요법 등과는 달리 살아있는 식물을 취급하는 특징이 있다. 따라서 원예치료는 장애인이나 환자 자신이 식물을 보살핌으로써 자신 이외의 생명을 이해하고 그 보호자가 되어 장기간 어려움을 참으면서 지켜보고, 개화나 결실을 기다리고, 그 과정에서 다른 사람들과 만나고, 그 정을 깊게 한다. 또 자신의 뜻대로 되지 않는 생명체로서의 공감이나 이것을 통한 생명의 공통성을 체험하고 배우면서, 치유와 성장에 공헌하는 점이 다른 요법이나 치료법에서 얻을 수 없는 특징이다.

원예미학

꽃다발, 꽃꽂이 등의 화훼장식과 분재 등을 대상으로 하는 학문은 원예미학(horticultural aesthetics)이다. 최근 생화를 이용하는 화훼장식분야는 물론이고, 압화, 건조화, 염색화 등 화훼의 가공 분야도 크게 발전하고 있으며, 이들의 활용도 또한 크게 높아지고 있다.

관상원예

관상원예(ornamental horticulture)는 종래의 화훼원예에서처럼 꽃을 생산하고 육종하는 것에 덧붙여, 꽃은 인간이나 사회에 대하여 다양한 기능이나 역할을 갖는다는 생각에서 출발한 개념이다. 이 개념은 미국을 중심으로 크게 확산되고 있다. 현재는 만들면 팔리는 화훼산업의 고도 성장시대가 지나가고 소비자의 논리가 반영되는 생산 및 공급 시스템이 필요한 한편, 꽃과 녹색은 단순히 관상이나 장식의 대상으로서만이 아니라 도시환경의 개선이나 즐거움의 창출, 더욱이 사회복지나 의료 등의 분야에서도 공헌하고 있다. 이러한 시대의 움직임이나 사회적 욕구를 고려하여 꽃의 생물학, 화훼원예, 도시원예, 사회원예, 원예미학을 포함하는 것은 물론이고, 새로운 관점에서의 생산관리, 유통과 마케팅, 정보시스템 등을 포함하는 개념이 관상원예이다.

이상에서와 같이 꽃과 인간과의 관계는 더욱 깊어지고 있다.

03

화훼는 돈이며 판매 형태가 다양하다

대부분의 화훼류는 장미, 국화, 카네이션과 같이 꽃이 있을 때 상품성이 높아지며, 벚나무, 목련, 명자나무 등은 일 년 중 특정한 시기에 꽃을 피워야 가치가 있다. 하지만 고무나무, 스킨답서스 등의 관엽식물과 느티나무, 단풍나무, 은행나무 등은 꽃이 없어도 상품성을 지닌다.

그리고 플라워샵에서 구입할 수 있는 화훼의 품목과 형태에는 어떤 것이 있는가? 매우 중요한 개념이지만 소비자들은 관심이 없어 잘 모르고 있다.

판매 형태

꽃의 생산과 판매 형태에는 절화, 절엽, 절지, 분화, 화단묘, 관상수, 종묘, 구근 등이 있으며, 근래에 와서는 화훼장식품, 건조화, 압화, 염색화, 망사잎, 포푸리 등 다양한 형태의 화훼 가공품도 플라워샵에서 판매되고 있다.

절화

절화(cut flower)는 식물체의 지상부 전체 또는 그 일부가 잘린 뿌리 없는 상태의 식물체를 말하는 것으로, 주로 실내 · 외의 장식을 목적으로 하며, 주로 물에 꽂아서 이용한다. 그러나 코르사주와 꽃다발 등과 같이 물에 꽂지 않고 이용하는 경우도 있다. 절화로는 카네이션, 국화, 장미, 나리, 튤립, 글라디올러스, 거베라, 숙근안개초, 금어초, 스톡 등 그 종류는 헤아릴 수 없을 정도로 많다.

절엽

절엽(cut foliage)은 식물체의 잎을 잘라 꽃꽂이 등의 배경으로 이용되는 화훼장식용 식물성 소재를 말한다. 몬스테라, 엽란, 팔손이, 필로덴드론 셀로움 등이 많이 이용되고 있다. 잎에 흰색이나 노란색 등의 반점이 있는 무늬식물로 화훼장식품을 만들면 더욱 화려하게 보이기도 한다.

절지

절지(cut branch)는 서양말채나무, 탱자나무, 화살나무와 같이 잎이 없거나 있는 가지, 버드나무와 같이 눈이 달린 가지, 고수버들, 다래와 같은 덩굴성 가지, 개나리, 조팝나무 등과 같이 꽃이 달린 가지, 그리고 특이한 용도로 대나무나 삼지닥나무의 가지 등을 잘라서 화훼장식의 재료로 이용하는 것을 말한다.

분화

분화(pot flower)는 식물체를 화분 등의 용기에 심어서 판매하는 형태로, 분식물(potted plant)이라고도 한다. 분화는 뿌리가 있기 때문에 식물을 기르는 재미가 있으며, 거실이나 베란다 등의 실내장식에 이용할 수 있다. 고무나무, 페페로미아 등과 같이 잎을 주로 관상하는 경우도 있지만, 심비디움, 팔레놉시스 등의 난초류, 아잘레아, 칼랑코에, 포인세티아, 프리뮬러, 제라니움 등은 꽃을 주로 관상한다.

화단묘

화단묘(bedding plant)는 온실이나 노지에서 종자를 파종하여 실생묘가 어느 정도 자라면 계획했던 화단으로 옮겨 심어서 감상하는 종류이며, 대부분이 일년초이다. 봄철에는 팬지, 데이지, 프리뮬러, 금잔화 등이 있고, 여름에는 매리골드, 샐비어, 맨드라미 등이 있으며, 가을에는 국화가 있다.

화목류

화목류는 관상을 목적으로 정원, 공원, 가로 등에 심는 나무를 말하며,

장미, 무궁화, 배롱나무, 벚나무, 등나무 등이 있다. 관상수는 화목류와 같은 의미로 사용되기도 하지만 꽃이 피지 않는 조경수로 구분하기도 한다.

종묘

종묘(seed and cuttings)는 종자와 묘목(nursery stock)을 의미하며, 여기에는 구근도 포함된다. 종묘는 용도에 따라 절화와 분화 생산에 필요한 생산자용과 잔디, 화목류, 화단묘와 같이 정원 등에 이용하는 소비자용이 있다. 생산자용의 종묘는 원자재라고 할 수 있다. 그 이유는 종묘를 구입해서 소비자가 원하는 절화나 분화를 생산하기 때문이다. 유럽에서는 국화, 카네이션, 나리, 튤립 등의 묘목을 전문으로 생산하는 업자가 절화 생산자에게 종묘를 공급하는 화훼의 분업생산 시스템이 잘 갖추어져 있다. 모란, 철쭉, 장미 등의 화목류의 묘목도 분업화되고 있다.

우리나라는 종묘의 생산 시스템이 미비하여 대부분의 화훼 종자와 묘목 즉 원자재는 수입에 의존하고 있다. 한국에서는 절화와 분화의 생산 비율이 높지만, 네덜란드 등의 선진국에서는 종묘와 구근 등의 생산량이 상대적으로 우리보다 많다. 이것은 화훼 이용의 역사가 우리보다 길고 축적된 기술이 많으며 앞을 내다보는 안목이 있기 때문이라 생각된다.

화훼장식품

화훼장식(flower design)은 화훼류를 이용하여 실내 · 외의 공간을 아름답게 꾸미는 것이며, 화훼장식품은 절화, 절엽, 분화 등의 화훼류를 주 소재로 사용하여 실내 · 외에서 공간의 기능성과 미적효과를 지닌 장식물로 제작된 것을 말한다. 화훼장식품에는 꽃꽂이, 꽃다발, 꽃바구니, 화환, 꽃탑 등이 있다. 이러한 화훼장식품을 제작하기 위해서는 고도의 전문성과 기술이 필요하다.

화훼장식은 화훼의 종류, 특성 및 관리 등에 관한 기본적인 이해를 전제로 용도에 알맞은 화훼류를 주 소재로 사용하고, 인간의 창의력과 표현능력을 활용하여 실내 · 외 공간의 기능성과 미적 효과가 높은 장식품을 제작 또는 설치하고 유지 및 관리하는 기술로서, 실용성과 대중성이 우선적으로 확보되고 예술성이 있어야 한다.

건조화

건조화(dried flower)는 식물의 꽃, 잎, 줄기, 과실, 종자, 뿌리 등의 각 기관을 자연 조건, 화학약품 또는 물리적인 방법으로 건조시킨 것이다. 우리 주변에서는 벽에 거꾸로 매달린 장미 등의 건조화를 흔히 볼 수 있다. 건조화는 꽃을 장기간 감상할 수 있는 장점이 있다.

압화

압화(pressed flower)는 식물체의 꽃, 잎, 줄기, 뿌리 등을 물리적으로 눌러서 건조시킨 것이다. 어린 시절 누구나 경험해 본 식물채집의 원리를 활용하는 것으로 쟁반, 컵 등 다양한 생활용품, 장신구, 예술작품 제작에 이 기술을 활용할 수 있다. 압화 역시 꽃을 장기간 관상할 수 있다.

염색화

염색화(dyed flower)는 줄기나 뿌리 등을 염색 용액에 꽂아 줄기의 물올림 원리를 활용하여 흰색, 그리고 옅은 노란색이나 분홍색의 생화(fresh flower)를 다른 색으로 만드는 것이다. 이와 같은 흡수 염색법 이외에도 염색액을 직접 식물체에 분무해서 염색하는 스프레이 염색법도 있다. 염색화는 자연에서 볼 수 없는 새로운 색깔의 꽃을 감상하는 데 그 의의가 있다.

최근에는 건조와 염색 기법을 동시에 활용하는 프리저브드 플라워(preserved flower)도 시판되고 있다.

망사잎

망사잎(skeleton leaf)은 잎의 엽육 조직을 인위적으로 제거하고 엽맥만 남겨서 건조시킨 다음 탈색과 염색 과정을 거쳐서 가공된 것을 말한다. 섬유질이 강한 동백, 느티나무, 목련, 칠엽수 등은 망사잎 만들기에 적합한 소재이다.

포푸리

포푸리(potpourri)는 재료의 색상, 모양, 질감 또는 향을 즐기기 위해 건조된 꽃, 잎, 뿌리, 향나무 줄기 등을 섞은 다음 플라워 오일을 첨가한 혼합물을 말한다. 포푸리는 여러 가지의 소재와 기술을 이용하여 다양한 향을 갖는 상품으로서, 생활용품, 방충제, 향기치료 등에 활용되고 있다.

생산

한국의 화훼 생산액은 얼마나 될까? 꽃의 무역액은 얼마나 될까? 꽃을 산업적 측면에서 생각해 본 사람은 그렇게 많지 않을 것이다. 한국의 화훼 산업 규모는 세계의 1% 정도이지만 국민 총소득이 증가하고 생활수준이 향상되면서 꽃의 생산면적, 생산액, 무역액 등의 화훼산업 지표가 증가 추세에 있어 꽃 소비액은 앞으로도 크게 증가될 것이 예상된다.

한국의 2008년도 화훼생산 동향을 보면, 생산액은 약 9,050억 원이다. 이는 10년 전과 비교하여 3,000억 원이 증가한 수치로 최근의 경기 침체에도 불구하고 화훼산업이 순조롭게 발전하고 있음을 알 수 있다. 화훼의 재배면적은 약 7,100ha이며, 이 가운데 온실, 비닐하우스 등의 시설재배 면적은 45.1%이다. 지역별 재배면적은 경기도가 가장 많으며, 다음이 경상남도, 전라북도 순이며, 이들 세 지역의 생산면적은 전체의 53.9%이다. 생산자의 수는 12,000명 정도이다.

한편, 화훼류를 판매하는 도매상의 수는 약 1,300개, 소매상의 수는 약 13,000개 정도로 발표되고 있지만, 실제는 배가 넘을 것으로 추정된다. 그리고 화훼장식품, 압화, 건조화 등의 가공품과 화분 등의 자재 값을 고려하면 화훼의 유통액은 3~5조원 정도로 추정된다.

생산액 가운데 절화는 39.2%, 분화는 36.7%, 화단용 초화류는 11.2%, 관상수는 6.1%, 화목은 5.4%, 종묘는 0.8%, 구근은 0.5%를 차지하고 있다.

절화

절화 중에서는 장미의 비중이 가장 높아 절화 총생산액의 36.7%를 차지하고 있으며, 이어서 국화 23.3%, 나리 11.8%이다. 이들 세 종류는 절화 총생산액의 71.7%를 점유하고 있다. 이들은 화색, 화형 등이 풍부하여 품종이 다양하고, 주년생산이 가능하며, 노동력이 특정시기에 집중되지 않는 특징이 있다.

그러나 이들 세 품목의 비중이 지나치게 높고, 세계 3대 절화인 카네이션 대신에 나리가 끼어 있는 것은 특이하다. 이것들에 이어서 거베라, 카네이션, 금어초, 숙근안개초, 프리지어, 글라디올러스, 스톡, 알스트로메리아, 스타티스, 칼라, 구근아이리스, 유스토마, 튤립, 공작초, 솔리다스터, 해바라기, 석죽, 리아트리스, 과꽃, 극락조화 등이 생산되지만 생산액은 그다지 많지 않다.

분화

난초류는 분화 총생산액의 23.1%를 차지하고 있다. 품목별 비중은 심비디움 9.8%, 호접란 8.5%, 동양란 4.8%, 선인장 4.7% 순이다. 다음에는 국화, 관음죽, 덴파레, 철쭉류, 벤자민고무나무, 고무나무, 야자류, 산호수, 풍란류, 아이비, 아프리카봉선화, 스파티필룸, 장미, 칼랑코에, 시클라멘, 포인세티아, 온시디움, 기타 순으로 생산액이 많다.

분화의 생산은 다품목 소량생산이 특징이지만 우리나라의 경우에는 난초류와 관엽식물이 대부분을 차지하고 있어 외국에 비해 품목이 단순하고, 시클라멘, 칼랑코에, 철쭉 등의 꽃이 피는 분화가 적은 것도 특징이다.

화단묘

화단용 초화류로는 팬지, 페튜니아, 매리골드, 꽃베고니아 등이 있다.

화목류

화목류로는 철쭉류, 장미, 벚나무, 배롱나무, 동백나무, 연산홍, 목련, 개나리, 무궁화, 라일락 등이 있으며 관상수로는 소나무, 회양목, 단풍나무, 느티나무, 향나무, 사철나무, 주목, 편백나무 등이 있다.

종묘

종묘와 구근의 생산량은 전체 화훼 생산액의 1.3% 정도로 매우 적다. 종자는 맨드라미, 팬지, 자생화, 석죽, 페튜니아, 데이지 등이, 묘목은 국화, 카네이션 등이, 구근류로는 나리, 튤립, 글라디올러스, 프리지어, 구근아이리스 등이 소량 생산되고 있다.

무역

화훼류의 무역액은 1980년 이후 계속 증가 추세에 있으며, 2008년에는 총 11,898만 달러의 무역이 이루어졌다. 무역수지는 흑자를 기록하고 있다.

화훼류의 주된 무역 품목은 절화이며, 유럽, 미국, 일본이 세계적으로 3대 시장을 이루고 있다. 분화의 무역은 수송비가 비싸고 식물검역이 엄격하기 때문에 주로 유럽의 국가 간, 그리고 미국과 캐나다 사이에서 이루어지고 있는 정도이다. 최근에는 삽수, 접수, 조직배양묘 등의 묘목과 구근류의 무역량이 증가하고 있다.

수출

화훼의 수출액은 7,622만 달러이며, 수출 품목은 절화와 묘목이 대부분이다. 이들 두 품목은 각각 3,688만 달러와 2,850만 달러로 전체 수출액의 82.5%를 차지하고 있으며, 나머지는 선인장 3.3%, 기타 14.2%이다. 절화는 나리가 51.7%, 장미가 32.0%, 국화가 16.3%를 차지하고 있다. 묘목은 난초가 91.1%로 대부분을 차지하고 있다. 이와 같이 화훼의 수출 품목은 매우 단순하다. 절화류는 일본으로, 난초류의 묘목은 중국으로, 선인장은 미국과 유럽 등으로 수출되고 있다.

수입

화훼의 수입액은 4,276만 달러이며, 수입 품목은 묘목과 종자, 그리고 구근 등의 원자재가 대부분이다. 이들 품목은 전체 수입액의 90% 이상을 차지하고 있다. 이 가운데에도 난초류의 묘목이 56.3%로 가장 많으며 대만에서 주로 수입되고 있다. 그리고 나리, 튤립, 구근아이리스 등의 구근류는 18.8%로 네덜란드에서, 카네이션의 묘목은 4.8%로 중국에서, 일년초의 종자는 일본에서, 기타의 묘목과 종자는 태국, 미국, 네덜란드 등에서 수입되고 있다.

한국의 화훼 무역액은 앞으로도 증가할 것이 예상되지만 묘목, 구근, 종자 등의 원자재를 수입하여 절화나 또 다른 묘목으로 가공하여 수출하는 전근대적인 형태에서 벗어나지 못하고 있어 금후 무역수지의 역전이 우려된다.

화훼가 국제적으로 상품화하고 무역이 활발해지고 있는 배경으로는 세계적인 경제 성장과 함께 생활수준이 향상되고 있는 한편, 선도유지 기술의 개발, 조직배양묘 등 종묘의 대량증식법 확립, 생산국과 수입국의 가격차, 그리고 식물검역제도의 완화 등이 이루어지고 있기 때문이다.

이와 같이 화훼는 경제적 측면에서의 기여도가 높고 큰 산업을 이루고 있어 꽃은 돈이라고 할 수 있다.

제2부

화훼의 이름과 분류

04. 화훼의 이름은 어떻게 불러야 하나

05. 화훼의 종류는 너무나 많다

04

화훼의 이름은 어떻게 불러야 하나

장미, 국화, 나리, 해바라기라고 말하면 우리나라 사람들이나 알아듣지 외국인들은 무슨 소리인지 알 수가 없다. 또 영어로 rose, chrysanthemum, lily, sun flower라고 하면 영어권에서는 알아듣지만 나머지 나라에서는 알아듣지 못한다. 그러면 화훼의 이름은 어떻게 불러야 되는 것인가? 화훼의 이름이 국제적으로 소통되기 위해서는 국제식물명명규약에 따라 학명으로 불러야 한다.

1999년 캐나다 국제기능올림픽대회의 화훼장식 분야에서 있었던 일이다. 심사위원이 국화, 카네이션 등을 준비하라고 학명으로 말했는데 우리나라 선수들은 무슨 소리인지 알아듣지 못해 감점을 당한 적이 있었다. 영어를 못해서가 아니라 화훼에 대한 이론과 국제적인 감각, 즉 국제성이 부족했기 때문이었다. 이후 국가기술자격으로 화훼장식기사와 화훼장식기능사 제도가 시행되고 꽃의 생활화가 확대되면서 2005년 기능올림픽대회 때는 화훼장식 분야에서 은메달을 수상하였다. 우리 선수는 뛰어난 재주에 국제적인 감각까지 단기간에 갖추게 된 것이다.

자연분류

학명은 어떻게 쓰는 것인가? 그 이전에 반드시 알아두어야 할 것은 종, 속, 과에 대한 자연분류상의 개념이다. 자연분류는 야생식물을 중심으로 식물의 진화 경로에 따라 식물분류학의 관점에서 분류하고 계통에 알맞게 배열한 분류방법으로 식물학적 분류라고도 한다.

종(species)은 식물의 자연분류학상의 최소 기본단위이다. 종을 구별하는 요건은 두 개의 개체군이 형태적으로 서로 다르고, 다른 지역과 환경에서 생장하고, 유전적 조성이 서로 다르며, 교잡이 이루어지지 않고 잡종이 발생하지 않아야 한다. 하지만 잡종이 발생되었다 하더라도 불임성일 것 등을 들 수 있다.

변종(variety)은 종의 하위 분류군으로 지리적인 변이나 생태적인 변이를 말하며 같은 종 내의 변종 간에는 교배가 가능하다. 품종(forma)은 변종보다 아래 계급으로 화색이나 반점 등의 미세한 변이가 나타나는 생물 집단이다.

속(genus)은 유사성을 갖는 종의 모임으로, 나리속이나 장미속과 같이 형태적으로 비슷한 것끼리 모아서 그룹핑한 것이다.

과(family)는 유사성을 갖는 속의 집합체이지만 속간의 유사성은 거의 없다. 그러나 야자과와 선인장과와 같이 형태와 생태적으로 파악하기 쉬운 예도 있어서 화훼의 원예학적 분류에 편리하게 이용되기도 한다.

학명 쓰기

학명(scientific name)은 꽃, 잎 등 식물의 형태와 생태적 특성, 향 등이 고려되어 작명되며, 원산지, 발견자, 식물군의 기본 단위인 종의 이름을 국제식물명명규약에 따라 써야 한다. 그 방법은 속명과 종명을 연이어 쓰는 이명법으로 표기하고 이탤릭체로 써야 한다. 속명은 대문자로 시작하고 종명은 소문자로 시작하며, 마지막에는 식물의 이름을 붙인 명명자를 쓰지만 경우에 따라서는 기재한 사람의 이름을 동시에 쓰기도 한다.

예를 들면 카네이션의 학명은 *Dianthus caryophyllus* L.로 표기한다. 하지만 이탤릭체로 표기할 수 없을 때에는 속명과 종명의 아래에 밑줄을 그어 Dianthus caryophyllus L.로 표기할 수도 있다. 속명과 종명의 어원은 대부분 라틴어이며, 인명, 지명, 그리고 꽃과 잎의 모양과 향 등의 성질로부터 유래하는 것이 많다.

종명

할미꽃의 학명은 *Pulsatilla koreana* Nakai ex Mori(또는 *Anemone koreana* Nakai ex Mori)이다. 이때 *koreana*는 지명을 의미하는 고유명

사이다. 동백나무의 학명 역시 지명에서 유래된 *Camellia japonica* L.이다. 우리나라에 자생하는 솔나리의 학명은 *Lilium cernuum* Komarov이다. *Lilium*은 나리를 의미하는 속명이며, 종명을 나타내는 *cernuum*은 꽃이 '아래로 향하는'이라고 하는 성질을 나타내는 성질명이다.

변종과 품종명

변종 이하의 표기는 종명을 쓰고 변종과 품종의 이름을 이탤릭체로 표기한 다음 명명자의 이름을 기입한다. 변종과 품종명은 성질을 나타내는 것이 많다. 예를 들면 솔나리의 변종인 흰솔나리는 *Lilium cernuum* Komarov var. *candidum* Nakai로 표기한다. 변종을 나타내는 *candidum*은 '흰색의'라는 의미이다. 솔나리는 Komarov에 의해 이름이 부쳐졌고 변종인 흰솔나리는 Nakai에 의해 명명되었다는 의미이다. 이와 같은 예로서 섬말나리의 자연분류학 상의 품종인 민섬말나리는 *Lilium hansonii* Leicht. for. *mutatum* Lee이다. 이때의 *mutatum*은 '돌연변이의'라는 뜻이다.

명명자의 표기법

명명자의 표기는 Gray와 같이 성의 완전한 철자로 하며, 성이 같은 경우에는 A. Gray와 같이 이름의 첫 글자를 붙인다. 또 L.(Linneaus) Mak.(Makino), Sieb.(Siebold), Zucc.(Zuccarini)와 같이 약자로 표기할 수도 있다. 명명자가 2~3명일 경우에는 영어의 and에 해당하는 접속사 et를 사용하여 표기한다. 땅나리의 학명은 *Lilium callosum* Sieb. et. Zucc. 이다.

명명자와 기재자가 다를 경우에는 영어의 from에 해당하는 ex를 붙인다. 예를 들면 명명자가 D.Don이지만 기재되어 있지 않아 무효인 것을 Sweet가 기재하여 D.Don의 명명을 유효로 했을 경우에는 D.Don ex Sweet로 기재한다. 알스트로메리아의 학명은 *Alstroemeria aurantiaca* D.Don. ex Sweet이다.

또 다른 속으로 옮기던가 새로운 속을 만들어 그 구성 단위로 했을 경우에는 Druce(Lind.) 또는 (Lind.)Druce로 표기한다. Druce는 Lind.

가 명명한 종을 다른 속으로 옮겼다는 의미이다. 무릇의 학명은 *Scilla scilloides* (Lind.)Druce이다.

화훼의 이름 짓기

화훼는 종간 교잡이 복잡하게 이루어져 자연분류를 적용할 수 없는 경우가 많다. 따라서 화훼를 포함한 재배식물은 야생식물과 성격이 다르기 때문에 별도로 정해진 국제식물명명규약에 따라 명명하며 그 개요는 다음과 같다. 재배식물의 이름은 야생식물과는 달리 속-종-품종의 세 레벨로 구성된다.

속명

속 레벨의 명칭으로는 일반 속명(예: *Lilium*), 속을 의미하는 일반명(예: 나리, lily), 속간 잡종명, 속간의 접목 잡종명이 있다.

2속간 잡종의 경우에는 주로 양친 속명의 일부를 조합한 집합 속명을 사용하며 속명 앞에 ×표를 붙인다. 예를 들면 *Fastia*와 *Hedera* 간의 속간 잡종명은 ×*Fasthedera*이며, *Cattleya*와 *Laelia* 간의 속간 잡종명은 ×*Laeliocattleya*이다.

3속간 잡종의 경우에는 어버이 속명의 일부를 조합하거나 인명 뒤에 -ara를 붙인다. 예를 들면 *Cattleya*, *Laelia*, *Schomburgkia*의 3속간 잡종명은 ×*Lyonara*이다.

4속간 이상의 경우에는 사람의 이름 뒤에 -ara를 붙인다. *Brassavola*, *Cattleya*, *Laelia*, *Sophronitis*의 4속간의 잡종명은 ×*Potinara*이다.

속간 접목 잡종의 경우에는 어버이 속명의 일부를 조합한 새로운 속명 앞에 +를 붙인다. 예를 들면, *Crataegus monogyna*와 *Mespilus germanica* 간의 속간 접목 잡종명은 +*Crataegomespilus dardarii*이다. 속간의 접목 잡종은 키메라(chimera)이다.

종명

종 레벨의 이름은 종의 라틴명, 즉 학명(예: *Lilium longiflorum*)이나 보통명(나팔나리, Easter lily)으로 표기한다.

잡종 기원의 종의 학명은 어버이 종명의 일부가 조합된 집합 성질명 앞에 ×를 붙이는 것이 일반적이다. 예를 들면, 나팔나리(*Lilium longiflorum*)와 대만나리(*L. formosanum*)의 종간 교잡으로 탄생된 신나팔나리는 *Lilium×formolongi*로 표기한다. 하지만 *Camellia japonica*와 *C. saluenensis*의 교잡에 의해 탄생된 새로운 종은 *Camellia japonica ×C. saluenensis*와 같이 교배조합의 이름으로 나타내기도 한다.

종간의 교잡은 속간의 교잡보다 쉽기 때문에 잡종 종명의 예는 속간 잡종에 비해 훨씬 많다. 근래에는 종간 잡종명으로 hybrid, hybrids, cross, crosses, grex 등과 같은 집합 성질명을 많이 사용하고 있다. 예를 들면 *Rosa hybrida*와 같이 이탤릭체로 쓰는 경우도 있으나, *Lilium* Asistic Hybrids와 *Lilium*. Oriental Hybrids와 같이 활자체로 표기하기도 한다.

원형질체 융합과 같은 속간 또는 종간의 체세포 잡종의 경우에는 성세포 유래의 잡종에 이용되는 ×대신에 (×)를 쓴다. 예를 들어 *Nicotiana glauca* (×) *Nicotiana langsdorffii*는 두 종간의 체세포 유래의 잡종명을 의미한다.

접목 잡종의 경우에는 양친의 이름을 +로 연결하거나 접목 잡종의 성질명을 쓰고 종명 앞에 +를 붙인다. 예를 들면, *Cytissus purpureus* + *Laburnum angyroides* 또는 *Syringa* +*correlata*로 쓴다.

품종명

재배식물의 품종(cultivar)은 화색이나 반점 등 변이가 미세하지만 다소간의 특정 형질이 명확히 구별되고, 종자 또는 영양번식에 의해 그 특징이 유지되는 재배식물의 집단을 말한다. 재배식물의 품종명은 종명 다음에 머리글자를 활자체 대문자로 쓰며, 품종명 앞에는 약자인 cv.를 적던가 단일 인용부호 ' '로 둘러싼다. 예를 들면 라일락의 몽브랑 품종은 *Syringa vulagris* cv. Mont Blanc 또는 *Syringa vulagris* 'Mont Blanc'으로 기재한다.

재배 품종명으로 인정되지 않는 명칭으로는 Korean Christmas Day와 같이 3단어 이상으로 이루어진 것, *Dianthus* cv. Rose와 같이 속의 학명 또는 보통명, 자연분류상의 변종인 variety나 품종인 forma가 포함되는 이름, 첫머리에 관사가 붙는 이름, 'Christmas Day'가 아니고 C.Day와 같이 약어로 시작하는 이름, Earliest of All과 같이 재배품종의 가치를 과장하는 이름, 푸른나리와 같이 식물의 보통명이 포함된 이름 등이 있다.

05

화훼의 종류는 너무나 많다

화훼의 종류는 8,000종 이상으로 그 수가 너무 많아 화훼의 이름을 하나하나 암기한다는 것은 사전을 보고 영어 단어를 외우는 것과 다름 없다. 따라서 많은 종을 적절히 그룹핑하면 편리하게 활용할 수 있으므로 화훼는 생산이나 이용 등의 실용적 입장을 고려하여 식물의 자연분류법이 아닌 원예학적으로 분류하고 있다.

원예학적 분류는 식물의 생장기간, 온도 등의 생태적 조건과 형태적인 요소를 고려한 분류 방식으로, 일 · 이년초, 숙근초, 구근류, 화목류를 기본으로 한다. 그러나 이것만으로는 실용성이 부족하여 선인장, 다육식물, 수생식물, 야생식물, 무늬식물, 왜성식물 등 특수한 생장 습성이나 형태, 그리고 야자류, 고사리류, 난초류 등에서와 같이 유연관계도 가미하여 아래와 같이 분류하고 있다.

일 · 이년초

일년초(한해살이식물, annual plant)는 종자로부터 발아하여 1년 이내에 모든 영양 및 생식생장, 즉 생활환을 마치는 초본성 화훼이다. 이들은 파종시기에 따라 봄에 파종하는 춘파일년초와 가을에 파종하는 추파일년초로 구분한다.

춘파일년초

춘파일년초(summer annual)는 열대 및 아열대 원산으로 내한성이 약해서 봄에 파종하며, 여름과 가을에 개화하고 겨울에 말라 죽는다. 춘파일년초로는 코스모스, 해바라기, 백일홍, 나팔꽃, 샐비어, 채송화, 콜레우스,

천일홍, 일일초, 신경초, 만수국, 봉선화 등이 있다.

추파일년초

추파일년초(winter annual)는 온대지방 원산으로 내한성이 강하며, 가을과 겨울에 생장하고 이듬해 봄과 초여름에 개화하는 화훼이다. 가을에 파종하는 추파일년초로는 안개초, 팬지, 금어초, 스타티스, 주머니꽃, 금잔화, 수레국, 물망초, 양귀비, 스위트피 등이 있다.

이년초

이년초(두해살이식물, biennial plant)는 추파일년초의 유묘 기간이 긴 것으로 개화와 결실을 위해서는 반드시 겨울을 지나야 되는, 즉 춘화처리를 필요로 하는 화훼이다.

근래에는 유묘 기간이 단축된 품종, 재배환경, 파종기에 따라 일 년 이내에 개화하는 종류도 있다. 추파일년초와 이년초의 구분은 춘화처리의 필요성 여부에 달려 있다. 이년초로는 꽃양배추, 스톡, 패랭이꽃, 종꽃, 초롱꽃 등이 있다.

숙근초

숙근초(perennial plant)는 일정 기간 생장 후 개화, 결실하더라도 일년초나 이년초와 같이 말라죽지 않고 식물체의 일부인 뿌리, 지하경, 휴면중인 눈, 흡지 또는 식물체 전체가 남아서 월동하고, 오랜 기간 동안 생장과 개화를 반복하는 초본성 식물이다. 숙근초는 대부분 온대 지방 원산이지만, 카네이션이나 거베라와 같이 겨울에 지상부가 고사하지 않는 것, 국화와 같이 지상부는 고사하지만 로제트를 형성하고 생장이 정지되는 것, 그리고 작약과 같이 지상부는 고사하고 휴면아만을 남기는 것 등이 있다.

숙근초라는 명칭은 원래 마지막 예에서 유래하였으나 그룹의 명칭으로 명확하지 못한 점이 있어 다년초로 부르기도 한다.

구근류

구근류(bulbs and tubers)는 숙근초의 특이한 형태로서 저온, 고온, 건조 등의 불량한 환경을 견디기 위해 식물체의 일부인 잎, 줄기, 뿌리가 비정상적으로 비대하여 지하에 원형의 양분저장 기관인 구근을 형성하는 식물이며, 변태식물의 일종이다. 구근은 비대한 기관의 종류와 형태에 따라 인경, 구경, 괴경, 근경, 괴근으로 세분화한다. 대부분의 구근류는 일정기간 휴면을 하며, 정식시기에 따라 춘식과 추식 구근으로 나눈다.

인경

인경(비늘줄기, bulb)은 줄기가 단축되어 얇은 판 모양의 저반부(단축경, basal plate)를 이루며, 잎은 비대하여 다육질의 인편(scale) 모양으로 변하고 이들 인편이 중복되어 원형의 양분저장 기관을 이룬 것이다. 인경은 바깥쪽에 외피(tunic)가 있느냐 없느냐에 따라 유피인경과 무피인경으로 나눈다. 유피인경(tunicated bulb)은 갈색의 건조한 얇은 외피가 인경을 둘러싸고 있으며, 아마릴리스, 알리움, 구근아이리스, 네리네, 히아신스, 리코리스, 수선화, 오르니소갈럼, 실라, 튤립 등 대부분의 인경류가 여기에 속한다. 무피인경(imbricated bulb)은 인편이 뿔뿔이 흩어져 있으며 인경의 바깥쪽에 외피가 없는 것으로서 나리, 프리틸라리아 등이 있다.

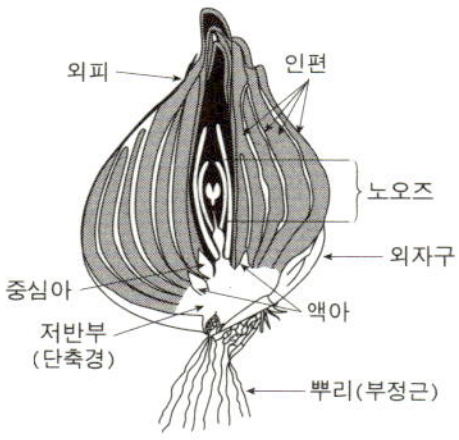

튤립의 인경

구경

구경(둥근줄기, corm)은 줄기가 비대하여 원형의 양분저장 기관을 이룬 것으로서 구근에는 마디가 있으며 잎의 기부는 얇은 외피로 변해 구근을 둘러싸고 있다. 아시단테라, 바비아나, 크로커스, 프리지어, 글라디올러스, 익시아, 콜치컴 등이 여기에 속한다.

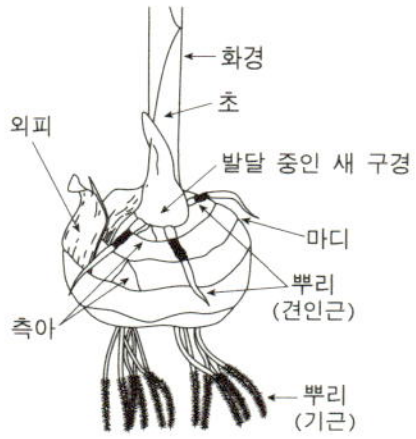

글라디올러스의 구경

괴경

괴경(덩이줄기, tuber)은 지하의 줄기 가운데 주로 선단부가 비대하여 양분의 저장기관을 이룬 것으로서, 구경과는 달리 피막으로 싸여 있지 않으며 마디가 없다. 칼라디움, 칼라, 열대수련 등이 여기에 속한다. 또 일부 괴경은 줄기뿐만 아니라 지상의 액아나 하배축이 뿌리와 함께 양분저장 기관으로 변한 것도 있다. 아네모네, 구근베고니아, 시클라멘, 라넌쿨러스, 튜베로스 등이 여기에 속한다.

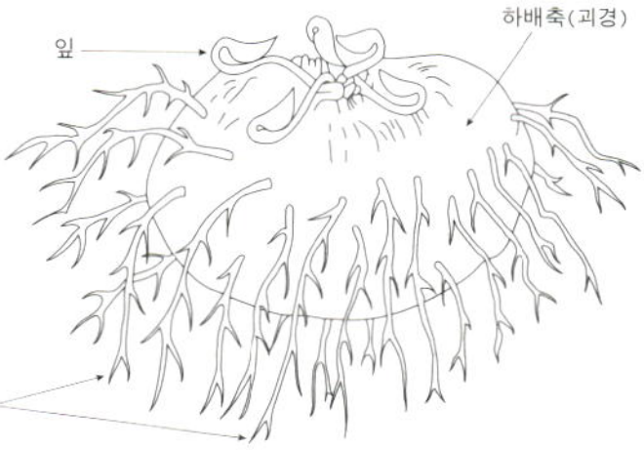

시클라멘의 괴경

근경

근경(땅속줄기, rhizome)은 지하에 수평으로 있는 줄기가 비대하여 양분의 저장기관을 이룬 것으로서 지하경이라고도 하며, 괴경보다는 비대 정도가 적다. 칸나, 독일붓꽃, 독일은방울꽃 등이 여기에 속한다. 독일붓꽃은 숙근초로 분류하기도 한다.

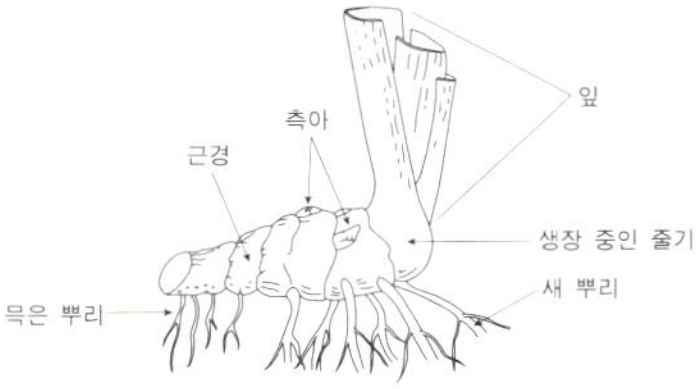

독일붓꽃의 근경

괴근

괴근(덩이뿌리, tuberous root)은 줄기로부터 발생한 부정근이 비대하여 양분의 저장기관을 이룬 것으로서, 달리아, 글로리오사 등이 있다.

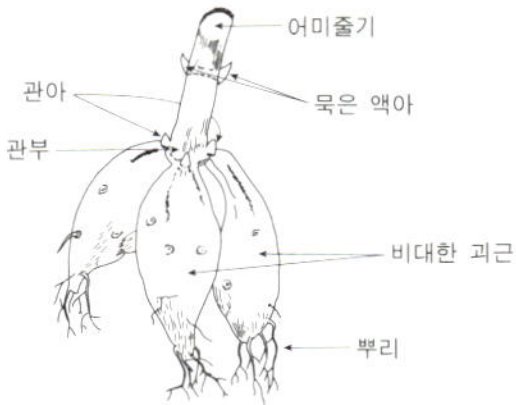

달리아의 괴근

구근류의 분류는 이상과 같으나 숙근류와의 경계가 불분명한 것도 있다. 리아트리스, 괭이밥, 난초 등은 분명히 구근을 형성하지만 숙근류로 취급하는 경우도 있다.

화목류

화목류(ornamental trees and shrubs)는 꽃, 잎, 열매 등을 관상하는 목본성 식물로서 절화, 절지, 분화, 화단, 정원수 등으로 이용되고 있으며, 근래에는 관상수와 같은 뜻으로도 사용되고 있다. 목본식물이란 리그닌 함량이 높은, 즉 목질화의 정도가 높은 식물을 말하며, 교목, 관목, 덩굴성 식물로 나눈다. 교목(tree)은 보통 2m 이상 자라며 하나의 굵은 줄기가 명확하고 줄기의 수명이 긴데 비해, 관목(shrub)은 보통 2m 이하로 여러 개의 줄기로 나누어지며 각 줄기의 수명은 비교적 짧은 편이다.

관화수

꽃을 관상하는 관화수로는 아까시나무, 매화, 벚나무, 동백나무, 목련 등의 교목과 포인세티아, 개나리, 무궁화, 장미, 철쭉 등의 관목이 있다.

관실수

열매를 관상하는 관실수로는 모과, 꽃아그배나무 등의 교목과 백량금, 남천, 죽절초, 피라칸사 등의 관목이 있다.

관엽수

잎을 관상하는 관엽수는 단풍나무, 소나무, 향나무, 편백, 버드나무 등의 교목과 사철나무, 회양목, 식나무 등의 관목이 있다.

덩굴성식물

덩굴성식물(만성식물, liana)로는 능소화, 등나무, 담쟁이덩굴, 부겐빌레아 등이 있다.

선인장과

선인장은 숙근류의 일종이지만 건조한 곳에서 잘 자랄 수 있도록 잎이 가시(thorn)로 변하거나 줄기가 다육화된 부류의 식물이다. 선인장의 학명은 *Cactaceae* Juss.이며, 영명은 cactus이지만 복수로 표기할 때는 cacti이다. 선인장은 주로 북위 55° 이남의 북미 대륙에 분포하고 있다. 선인장과의 형태적 특징은 다양하지만 공통점은 줄기에 가시나 털이 있으며, 포가 꽃잎으로 변한 점을 들 수 있다. 선인장과에는 건생식물이 주류를 이루고 있으며 3아과, 200여 속, 3,000종 정도가 있다. 선인장은 잎의 부착 여부 등에 따라 3아과로 나눈다.

나뭇잎선인장아과

나뭇잎선인장아과(Peireskioideae)는 대부분 다육화의 진행 정도가 낮고 잎이 넓은 보통의 잎이 붙어 있으며, 약 30종이 있다.

부채선인장아과

부채선인장아과(Opuntioideae)는 작은 잎이 있으나 대부분 성숙하면 탈락하고, 줄기의 다육도가 낮은 편으로 편평하거나 원 모양이며, 약 400종이 있다.

기둥선인장아과

기둥선인장아과(Cereoideae)는 잎이 없는 대신 사마귀 모양의 돌기 또는 가시가 발달하고 줄기는 원형 또는 기둥 모양으로 가시가 잘 뽑히지 않는 특징이 있다. 이 과에는 약 2,000여 종이 있으며, 원예용으로 가장 많이 이용되고 있다.

다육식물

다육식물(fleshy plant)은 한랭지나 건조지에 적응하기 위하여 줄기나 잎의 유조직이 저장기관으로 발달해 수분을 많이 함유하고 있는 종류를 말한다. 다육화한 부위는 잎, 줄기, 뿌리로 다양하고 전세계에 분포하고 있으며, 용설란, 돌나물, 칼랑코에, 알코에 등 많은 종이 있다.

난초과 식물

난초과(Orchidaceae) 식물의 원산지는 열대에서 온대까지 그 분포가 다양하며, 약 800속, 30,000여 종이 알려져 있다. 난초과 식물은 종류가 너무 많기 때문에 분류를 중심으로 한 난초학이 별도로 있을 정도이나, 여기에서는 원산지, 생장습성, 줄기의 형태에 따라 세 가지로 분류하였다. 난초류의 일부는 줄기가 다육화 된 양분저장 기관을 가지고 있지만 이것을 구근이라 하지 않고 위구경(pseudobulb)이라고 부른다. 난초류는 원산지에 따라 동양란과 서양란으로, 생장 습성에 따라 착생란과 지생란으로 나눈다. 줄기의 형태에 따라서는 단경성란과 복경성란으로 나눈다.

동양란

동양란은 한국, 중국, 일본의 온대 지방에 자생하는 난초로 춘란, 한란, 건란, 소심란, 보세란 등의 심비디움 속과 새우난 등의 칼란테 속이 대부분이다. 이들의 꽃은 화려하지 않으나 은은한 향이 있다.

서양란

서양란은 심비디움, 덴드로비움, 파피오페딜럼, 팔레놉시스, 반다 등 주로 동남아 원산의 것과, 카틀레야, 에피덴드럼, 오돈토글로섬 등 중남미의 열대 및 아열대 원산의 것으로, 꽃의 색깔이 화려하고 풍부한 반면 향은 거의 없다.

착생란

착생란(epiphytic orchid)은 바위나 큰 나무에 붙어서 사는 것으로, 대부분의 서양란이 여기에 속하며 카틀레야, 덴드로비움, 에피덴드럼, 팔레놉시스 등이 있다.

지생란

지생란(terrestrial orchid)은 땅에서 자라는 것으로, 대부분의 동양란이 여기에 속하며 심비디움, 칼란테 등이 있다.

단경성란

단경성란(monopodial orchid)은 팔레놉시스, 반다 등과 같이 분지(branching)가 되지 않아 하나의 줄기가 길게 자라며, 주로 직립성이다.

복경성란

복경성란(sympodial orchid)은 카틀레야, 심비디움, 덴드로비움 등과 같이 분지성이 강하며 대개 위구경을 형성한다.

관엽식물

관엽식물(foliage plant)은 온실식물 가운데 잎이나 줄기가 아름다운 초본 및 목본 화훼로서 내한성이 약하고 음지에서 생육이 양호하며 휴면이 없거나 짧다. 열대 및 아열대 원산의 은생식물이 많아 실내에서 장기간 관상할 수 있기 때문에 실내식물(indoor plant)이라고도 한다.

일반종

관엽식물의 일반종은 주로 잎을 관상하며, 아나나스, 고무나무, 드라세나, 산세베리아, 구즈마니아 등 수 많은 속과 종이 있으며, 아나나스, 아펠란드라 등은 잎과 꽃을 동시에 관상할 수도 있다.

대나무류

대나무류(bamboos)는 목질로서 줄기 가운데 공간과 마디가 있으며 종에 따라서는 고목과 같이 자라기도 한다. 대나무류에는 왕대, 맹종죽, 오죽 등 47속, 1,250종이 있다.

야자류

야자류(palms)는 관음죽, 종려죽, 아레카야자, 피닉스야자, 켄차야자 등 239속, 3,300종이 있다.

고사리류

고사리류(ferns)는 꽃이 없다고 하여 은화식물(non-flowering plant)이라고 하며, 보스톤고사리, 박쥐란, 프테리스, 아디안텀 등 9,000종 이상이 있다.

식충식물

식충식물(insectivorous plant)은 곤충을 영양원으로 이용하는 식물로서, 끈끈이주걱, 땅귀개, 벌레잡이제비꽃, 벌레잡이통풀, 파리잡이풀 등 7과 13속이 있다.

수생식물

수생식물(aquatic plant)은 잎자루와 뿌리에 통기 조직이 발달해 있으며, 뿌리가 물의 주변, 물속 또는 물속의 토양에 있는 식물이다. 이들의 대부분은 산소, 이산화탄소, 양분 등을 물속에서 흡수하는 것이 일반적이지만 연꽃과 같이 대기 중에 있는 잎으로 가스를 교환하는 종류도 있다. 수생식물은 물가식물, 수지식물, 침수식물, 부수식물의 네 부류로 나눈다.

물가식물

물가식물은 습생식물(hygrophyte)이라고도 하며 물가의 다습 지역에서 잘 자라며, 붓꽃, 제비붓꽃, 물망초, 왕원추리, 꽃창포 등이 있다.

수지식물

수지식물은 부엽식물(floating-leaf plant)이라고도 하며, 뿌리가 땅속에 있으며 깊지 않는 연못 등의 질퍽한 곳에서 잘 자라는 식물로서 수련, 물옥잠, 부들, 워터칸나, 어리연꽃, 왜개연꽃 등이 있다.

침수식물

침수식물(submerged plant)은 물속에 잠겨서 잘 자라는 부류로서 검

정말, 물수세미, 붕어마름 등이 있다.

부수식물

부수식물은 부유식물(free-floating plant)이라고도 하며, 수면에 떠서 자라는 부류로서 개구리밥, 마름, 부평초, 부레옥잠, 생이가래 등이 있다.

야생식물

야생식물(wild plant)은 산이나 들에서 살고 있는 식물을 의미하지만, 여기에서는 야생식물 가운데 관상가치가 있는 초본 또는 목본류를 말한다. 야생식물은 야생 상태만으로도 잎, 줄기, 꽃, 열매가 아름다워 취미 및 상업적으로 널리 재배되고 있는 것도 있다. 새우난초, 춘란 등의 난초류 등에서는 변이체를 찾거나 인공적으로 교배하여 새로운 종류를 만들기도 한다. 야생식물을 재배할 때에는 식물체를 굴취하여 채집하는 것이 아니라 종자를 발아시키면 증식과 순화를 겸할 수 있고 자연보호에도 기여하게 된다. 관상가치가 있는 한국의 야생화는 매우 다양하며 그 종류는 아래와 같다.

일년초

일년초는 과꽃, 패랭이꽃, 앵초, 용담, 노랑제비꽃 등이 있다.

숙근초

숙근초는 할미꽃, 맥문동, 은방울꽃, 원추리, 붓꽃 등이 있다.

구근류

구근류는 솔나리, 하늘나리, 섬말나리, 상사화, 제주수선 등이 있다.

화목류

관화수로는 목련, 개나리, 조팝나무, 철쭉, 동백 등이 있으며, 관실수로는 화살나무, 백량금, 자금우, 산호수, 죽절초 등이 있다. 관엽수로는 담팔

수, 돈나무, 팔손이, 후피향나무, 식나무 등이 있으며, 덩굴성식물로는 송악덩굴, 마삭줄, 노박덩굴, 인동덩굴, 담쟁이덩굴 등이 있다.

난초과 식물

난초과 식물로는 자란, 새우난초, 춘란, 한란, 풍란 등이 있다.

수생식물

수생식물로는 가래, 개구리밥, 마름, 수련, 어리연꽃 등이 있다.

지피식물

지피식물(ground cover plant)로 이용할 수 있는 것은 돌나물, 송악덩굴, 옥잠화, 맥문동, 마삭줄 등이 있다.

고산식물

야생식물 가운데 높은 산이나 북쪽에 자생하는 식물을 고산식물(alpine plant)이라고 한다. 고산식물은 키가 작은 왜성(dwarfism)으로 잎, 줄기, 꽃이 아름답고 분화나 화단용으로 적합하여 유럽의 중부와 북부에서는 알프스와 히말라야의 식물을 많이 이용하고 있다. 에델바이스, 캄파눌라, 용담, 프리뮬러 등이 여기에 속한다.

무늬식물

무늬식물(variegated plant)은 반입식물이라고도 하며, 잎이나 꽃의 색깔이 두 가지 이상의 색으로 혼합되어 있고 그 모습이 아름다운 식물을 가리킨다. 그러나 협의로는 하나의 잎에서 엽록소의 생성량이 적거나 엽록소가 없는 부분이 있는 식물을 말한다. 무늬(반입, variegation)는 엽록소가 없거나, 엽록소 함량이 부족하거나, 엽록소 이외의 색소가 포함되어 있거나, 표피세포의 모양이 변하는 등에 의해 나타난다. 무늬식물은 드라세나, 산세베리아, 마란타, 춘란, 만년청 등이 대표적인 예라고 할 수 있으나 거의 모든 식물에서 나타나고 있다.

왜성식물

왜성식물(dwarf plant)은 생장촉진 호르몬인 지베렐린의 생합성이 유전적으로 억제되거나, 생장억제 호르몬인 ABA의 생성량이 많거나 또는 양자의 병행에 의해 키가 작아지는 소위 난쟁이식물을 말한다. 왜성식물은 일 · 이년초, 숙근류, 구근류, 화목류 등 거의 모든 식물에서 나타나며 주로 분화용이나 화단용으로 이용되고 있다. 왜성식물의 종류는 아래와 같다.

일 · 이년초

일 · 이년초로는 맨드라미, 패랭이꽃, 매리골드, 금어초, 백일홍 등이 있다.

숙근초

숙근초로는 용담, 접시꽃, 꽃잔디, 카네이션, 프리뮬러 등이 있다.

구근류

구근류로는 구근아이리스, 나리, 무스카리, 수선, 튤립 등이 있다.

화목류

화목류로는 장미, 돈나무 등이 있다.

제3부

화훼의 생활환

06

화훼의 일생은 영양생장과 생식생장의 반복이다

식물의 일생은 암·수의 성세포가 결합된 접합체의 형성으로 시작되며, 접합체는 모체로부터 양분을 받아 배로 발달한다. 배는 일정기간 동안 특수한 형태와 생리적 발육 단계를 거쳐 성숙하게 되고 때가 되면 발아한다. 종자가 발아한 이후에는 잎, 줄기, 뿌리 등이 자라는 영양생장(vegetative growth)과 꽃, 열매, 종자가 형성되는 생식생장(reproductive growth)을 반복하면서 후대로 생명을 전달해 가는데, 이 과정을 식물의 생활환(life cycle)이라고 한다.

식물의 생활환은 종이나 품종에 따라 큰 차이가 있다. 일년초는 발아하여 1년 이내에 종자를 생산하고 모체의 일생이 마감된다. 이년초는 2년의 사이클을 가지고 있으며, 첫해는 영양생장 기간이며 이듬해에는 생식생장 기간으로 꽃과 종자를 생산하고 모체가 고사한다. 숙근류는 유묘기를 경과하고 나면 매년 영양과 생식 사이클을 반복하지만 겨울 동안에 지상부가 죽는 것이 일반적이다. 하지만, 숙근류의 특수한 형태인 구근류는 특이한 지하 구조를 만들어 겨울의 불리한 환경을 극복한다. 목본류는 매년 정아와 측아의 증가를 계속하는 영구적인 목질의 줄기로 발달한다.

실생묘가 생활환을 완성하기 위해서는 각 발육 단계별로 온도, 일장, 강수량 등 환경 요인의 계절적 변화, 즉 기후 주기를 필요로 한다.

발육 단계

생활환에는 식물의 형태나 생리적 특성이 다른 몇 개의 생장단계가 있으며, 이것을 발육상 또는 발육단계라고 한다.

식물의 발육단계는 유묘기, 전이기, 성숙기, 개화기로 나눌 수 있다. 종자의 발아는 배 단계에서 어린 모, 즉 유묘 단계로 옮겨가는 과정을 의미한다. 유묘기(nursery stage)는 사람의 유년기에 해당되며, 꽃을 만들 능력, 즉 생식능력이 없는 시기로 영양생장만을 계속하는 시기이다. 전이단계(transitional phase)는 소년기라 할 수 있으며, 유년성(juvenility)이 상실될 때를 말한다. 여기까지는 영양생장기이다. 성숙단계는 청년기라 할 수 있으며 영양생장보다 생식생장이 우선하는 두 생장의 혼합기라 할 수 있다. 성숙기에 도달하면 식물체가 최종 크기에 도달하고 개화기(blooming period)를 맞아 생식생장을 시작하게 된다.

영양생장

영양생장이란 종자가 발아하여 꽃을 피울 때까지 잎, 줄기, 뿌리 등의 영양기관만이 형성되면서 식물체의 덩치가 커지는 생장을 말한다. 일년초와 이년초는 유묘기가 짧아 1~2년 이내에 꽃을 피우고 모체가 죽게 되지만, 숙근류와 화목류는 모체가 죽지 않고 해마다 꽃을 피운다. 난초, 구근류, 화목류의 실생묘는 유묘기가 길어 개화까지 5~7년이 소요된다. 어떤 대나무는 수십 년 동안 영양생장을 한 후 갑자기 꽃과 열매를 맺고 죽으며, 용설란도 이와 비슷한 패턴을 가지고 있다. 이와 같이 유묘기의 지속 기간, 즉 발아해서 개화할 때까지의 기간은 종에 따라 차이가 크다.

생식생장

생식생장이란 영양생장에 대응하는 개념의 용어로 다음 세대를 남기기 위해 생식기관을 형성하고, 이것이 개화, 수정, 결실에 이르기까지의 과정과 관련되는 생장을 말한다. 식물체가 성숙하여 생식생장이 가능한 연령, 즉 화숙(ripeness to flower)기에 도달하면 온도나 일장과 같은 개화유도 자극에 반응한다. 화숙 단계는 유묘기가 완료되고 성적으로 성숙하여 화아형성이 가능한 상태라고 정의할 수 있다. 이때가 되면 개화 과정에 들어가게 되는데 꽃의 개화 과정은 6단계로 나눌 수 있다.

개화유도

개화유도(flower induction)는 영양생장에서 생식생장으로의 생리적 전환이 일어나는 단계로서, 최화 단계라고도 한다.

화아분화개시

화아분화개시(flower bud initiation)는 개화 현상의 시작으로, 화서의 축을 형성하기 위해 영양생장에서 생식생장으로의 형태적 전환이 일어나는 단계이며, 화아창시 단계라고도 한다. 이때에 일어나는 형태적 변화의 특징은 경정분열조직(shoot apical meristem)이 비대하는 것이다.

화아분화

화아분화(꽃눈분화, flower bud differentiation)는 돔 모양의 경정분열조직에서 엽원기(leaf primordium)의 분화가 정지되고 꽃의 원기인 화엽이 형성되는 단계로 바깥쪽부터 꽃받침, 꽃잎, 수술, 암술 순으로 분화된다. 이 규칙성은 식물의 종류가 달라도 변함이 없다. 화아분화의 시작은 영양생장으로부터 생식생장이 일어나는 질적 변화의 분기점이라 할 수 있다. 그러므로, 이 시기 이후가 엄밀히 말해 생식생장이다.

화아발달

화아발달(flower bud development)은 분화된 화엽의 각 원기가 발달하여 화서를 완성해 가는 단계이다. 화아(꽃눈, 꽃봉오리, 화뢰, flower bud)의 발달은 환경 조건이 양호하면 순조롭게 진행되지만, 불량한 조건을 만나게 되면 화아분화가 중단되고 영양생장으로 되돌아가는 생장단계의 역전인 맹아(blind)나, 나리와 구근아이리스 등에서와 같이 화아가 발달 도중에 고사하는 블라스팅(blasting)이 일어나기도 한다.

화아분화개시, 화아분화, 화아발달의 3단계를 포괄하여 표현할 때는 화아형성(flower bud formation)이라고 한다.

화아의 휴면

화아의 휴면은 개화의 생리적 준비 단계로서 화아의 생장이 일시적으로 정지하는 단계이며, 화아의 성숙이라고도 한다. 온대 원산의 구근류, 화목류 등에서 흔히 볼 수 있으며, 대부분 저온에 의해 휴면이 타파된다. 저온에 감응할 수 있는 화아의 발달 단계는 종에 따라 다르다. 꽃을 일찍 피우기 위해 촉성재배를 할 때는 화아의 발달단계가 저온처리의 개시 시기를 결정하는 관건이 된다. 예를 들면, 튤립은 암술 분화 후, 조팝나무는 소화의 원기 분화 후에 저온처리를 하여야 한다. 화아의 휴면이 없는 식물도 있다.

개화

화서의 발달이 완료된 꽃은 꽃잎이 열리는데 이것을 개화(flowering)라 하고, 이때가 되면 약이 터져 꽃가루가 밖으로 나온다. 이후 수분과 수정이 일어나서 배가 형성되고 종자가 완성되는 개화와 결실(fruit setting) 단계에 이르게 된다.

국화의 개화 과정을 예로 들면, 경정분열조직이 돔형으로 크게 비대하며, 화서 전체를 둘러싸는 총포가 최초로 분화한다. 이어서 소화의 원기가 바깥쪽부터 분화하여 최종적으로 두상화서(head)를 형성한다. 각각의 소화는 바깥쪽부터 꽃받침, 꽃잎, 수술, 암술 순으로 분화 및 발달한다.

07

화훼는 깊고도 긴 잠을 잔다

식물은 생장이 왕성할 때와 정지해 있거나 매우 느린 때가 있다. 식물의 이러한 상태를 넓은 의미에서 휴면(dormancy)이라 한다. 구체적으로는 식물의 일생 동안에 종자, 구근 또는 눈 등의 시대에서 생장이 일시적으로 정지하거나 매우 완만한 현상을 말한다. 대부분의 식물은 생활환의 특정 시기에 도달하면 일정기간 휴면을 한다.

휴면의 생물학적 의의는 저온, 고온, 건조 등의 부적합한 환경에 대한 적응 현상의 하나로, 내한성, 내서성, 내건성을 획득하여 종과 속의 유지를 도모하는 것이다. 단풍나무와 같이 잎이 넓은 활엽수는 가을에 낙엽이 지고 겨울에 휴면을 하는데, 이것은 겨울철의 저온과 건조를 피하기 위해서라고 볼 수 있다.

그러나 연중 온도나 강수량이 안정되어 있는 나라에서도 휴면하는 식물이 있으며, 개체나 기관 간에 휴면이 다른 경우도 있다. 글라디올러스와 프리지어는 구경 선단부에서 잎의 분화가 정지될 때 새로운 구근의 비대가 진행된다. 이것은 눈의 휴면기와 새로운 구근의 형성 시기가 다르다는 것을 의미한다. 이와 같이 개체 단위가 아니고 기관 단위에서 일어나는 경우에는 휴면기의 판정이 어렵다.

식물이 휴면할 때의 외관상 모습은 일반적으로 동아(겨울눈, winter bud), 종자, 구근의 모습을 띠고 있지만 특수한 형태로 로제트가 형성되기도 한다.

휴면의 종류

휴면의 원인이 식물체 내부에 있느냐 외부환경에 있느냐에 따라 휴면의 종류는 두 가지로 대별한다. 사람은 매일 하루에 몇 시간씩 잠을 자지만 식물은 일 년에 한 번씩 긴 잠을 몰아서 잔다. 마치 동물이 동면하는 것과 비슷하다. 이때에는 그 원인이 식물체 내부에 있기 때문에 생육에 적당한 조건을 주더라도 생장의 정지 상태가 계속되는데, 이러한 현상을 자발휴면(spontaneous dormancy) 또는 내적휴면(internal dormancy)이라고 한다. 자발휴면의 의의는 후숙이나 수확 후 일정기간 동안 종자가 좋은 계절이 오기 전에 일찍 발아되는 것을 방지하기 위한 내부 제어에 있다. 이를 통해 종자의 발아 시기와 장소를 조절함으로써 종의 생존을 보장받게 되는 것이다. 겨울눈이나 구근의 휴면도 같은 맥락에서 이해할 수 있다.

여기에 비해 생장의 준비는 되어 있지만 온도나 빛 등의 외적 환경요인이 부적당하여 휴면하는 경우에는 강제휴면(imposed dormancy) 또는 타발휴면(external dormancy)이라고 한다.

휴면의 생리적 의의

종자의 성숙, 후숙, 강제휴면 동안에 진전되는 두 개의 중요한 메커니즘은 억제물질의 축적과 종피의 변화이다.

억제물질의 축적

과실과 종자에는 발아를 억제하는 수많은 물질이 축적되지만, 이 가운데 ABA는 대부분의 종자에서 배 발달을 조절하고 휴면을 유도하여 배단계(embryo phase)를 유지시켜 종자의 조기발아(precocious germination)를 방지하는 가장 중요한 물질이다. 겨울눈이나 구근류 역시 ABA가 휴면을 유도하고 적당한 시기가 올 때까지 맹아(sprouting)를 억제하는 것은 마찬가지이다.

종피

종피에는 외종피와 내종피가 있다. 외종피는 탈수와 후숙이 이루어지는 자발적 휴면기간 동안 슈베린화하고 결과적으로 큐틴(각피, cutin)질 피막으로 발달하여 대경화세포(macrosclereid cells)를 만들기도 하고, 섬유질 또는 점액질(mucilafinous)의 세포로 변화한다. 이들 세포는 수분의 흡수를 방해하거나 가스교환을 제한하는 요인이 되고 있다.

대부분의 내종피는 자발적 휴면 기간 동안이나 종자가 식물체로부터 분리된 후 일정기간 동안 생리활성을 유지한다. 생리 활성이 있는 반투과성 막은 공기와 억제물질의 이동을 제한하여 초기 휴면의 유지에 중요한 역할을 한다. 휴면이 끝나고 종자가 적당한 환경을 만나게 되면 반투과성 막은 생리활성을 잃고 억제물질의 용탈(leaching)에 기여하여 종자의 발아를 돕는다.

종자의 휴면

종자는 배의 생리적 미성숙, 발아억제물질, 종피의 딱딱함 등에 의해 휴면하며, 특수한 경우로는 상배축이 휴면하는 경우도 있다.

배가 생리적으로 미성숙된 미숙배(immature embryo)에 의해 휴면하는 경우에는 저온, 고온, 변온 등에 의해 후숙, 즉 미숙배의 완숙과 발아 준비가 완성된다. 그러므로 후숙은 종자에서 자발휴면의 제거를 유도하는 내부 과정의 총칭이라고 표현할 수도 있다.

가을에 성숙하는 종자는 후숙의 유도와 휴면타파(dormancy breaking)를 위해 1~5℃의 저온에서 2~3개월 간 습윤처리(층적법, stratification)하며, 초여름에 성숙하는 종자는 30℃ 전후의 고온에서 건조 저장한다. 장미의 경우에는 4~5℃와 15~18℃의 변온이 효과적이며, 맨드라미, 채송화는 황이 포함된 요소인 치오요소 처리, 프리뮬러, 글록시니아, 칼세올라리아는 GA_3처리에 의해 후숙이 유도되고 휴면이 타파되기도 한다.

발아억제물질에 의해 휴면하는 경우에는 저온, GA_3, 흐르는 물인 유수처리에 의해 휴면을 타파시킬 수 있다.

아네모네, 나팔꽃, 알스트로메리아 등의 종자는 종피가 매우 딱딱한 경실(hard seed)이다. 이러한 종자는 공기와 수분의 공급이 원활하지 못해 휴면을 한다. 칼이나 모래 등으로 종피에 상처를 내거나 유기 용매를 사용하여 종피를 부드럽게 함으로써 산소와 수분의 흡수를 촉진시키고 휴면을 타파할 수 있다.

나리, 은방울꽃, 모란 등의 종자는 상배축휴면(epicotyl dormancy)이라고 하는 특수한 형태의 휴면을 한다. 이러한 종자를 가을에 파종하면, 겨울의 저온을 거치면서 하배축의 휴면이 타파되어 봄이 되면 발근을 하지만 지상부는 휴면한다. 이런 상태로 여름철의 고온을 경과하고 가을이 되어 온도가 10℃ 정도로 내려가면 상배축이 발아한다. 이와 같이 두 번에 걸쳐 휴면을 하므로 이중휴면(double dormancy)이라고 하기도 한다. 이들의 휴면타파에는 GA_3, ethrel 등의 생장조절물질이 사용되기도 한다.

눈의 휴면

화목류는 6~8월의 고온기에 꽃눈이 분화되는 동백나무, 철쭉, 벚나무 등과 가을에 꽃눈이 분화하는 능수조팝나무, 수국 등의 2군으로 나눌 수 있다. 어느 것이든 꽃눈의 분화 후에는 휴면을 한다. 화목류의 휴면은 전휴면, 진휴면, 후휴면의 3단계로 나눈다.

화목류의 휴면 중인 눈은 여름이나 가을에 잎을 제거하면 싹이 트는 경우가 있다. 이것은 환경 때문이 아니라 잎의 존재가 눈의 생장을 억제하고 있는 강제휴면 상태라고 할 수 있다. 이때의 휴면은 전휴면(predormancy) 또는 여름휴면이라고 한다. 이 시기를 지나면 눈은 점차 진휴면(true dormancy) 또는 겨울휴면에 들어간다. 이때에는 잎을 제거하거나 환경조건을 아무리 좋게 해주어도 생장하지 않는 자발휴면 상태가 된다. 이 시기를 지난 후에는 후휴면(postdormancy)기로 온도나 빛 등의 환경조건이 적합하면 생장을 개시하게 되는데, 이때는 강제휴면 상태이다.

이러한 원리를 활용하여 꽃을 일찍 피우고자 한다면 후휴면기로 이행한 단계, 즉 자발휴면이 해제된 시점인 대개 1월 상순 이후에 식물체나 가지를 잘라 온실로 옮기면 개화한다. 화목류에서 볼 수 있는 눈 휴면의 타파는 저온처리가 가장 안정된 방법이다. 저온처리 기간은 종에 따라 다르지만 대개 0~5℃에서 10~50일 간이며 최근에는 저온고 등의 인공시설을 이용하여 저온 요구를 충족시키고 있다.

라일락의 예를 보면, 화아분화의 시작은 6월 하순, 암술의 완성은 8월 하순으로 고온 하에서 화아형성이 이루어진다. 휴면은 9월 하순부터 진행되어 12월 하순에 완전히 타파된다. 화아형성 직후인 9월 중순 이전에 가지에서 잎을 제거하면 싹이 트지만 개화하지 않는다. 그러나 단일처리하여 강제로 가지의 잎을 떨어뜨리면 정상적으로 개화한다. 휴면이 깊은 11월 중순에는 2℃ 전후에서 5~6주 간 저온처리하거나 휴면이 타파된 12월 하순 이후 따뜻한 곳으로 옮겨서 3~4주 간 두면 개화한다. 이렇게 하여 자연 상태에서는 개화할 수 없는 시기에도 라일락의 꽃을 볼 수 있게 되는 것이다.

구근의 휴면

아마릴리스 속과 같이 아열대 원산으로 잎이 사계절 푸른 것은 휴면이 명확하지 않다. 그러나 계절의 변화가 분명한 온대지역 원산의 구근류는 급격한 기온 변화나 건조 상태로 되기 전에 구근을 형성하고 휴면한다. 구근류의 휴면과 원산지의 기후형 사이에는 밀접한 관계가 있다.

지중해기후형에 속하는 아이리스와 프리지어는 구근의 비대 중에 휴면하지만, 튤립, 수선, 히아신스, 크로커스는 잎이 황변할 때에 휴면한다. 전자의 경우에는 여름의 고온에 의해 재배중인 포장에서 휴면이 타파되지만, 후자는 수확 직후의 고온에 의해 휴면이 타파된다. 인경류는 20℃ 전후가 되면 잎과 화아를 가진 노우즈(nose)가 형성되지만 노우즈의 신장과 개화를 위해서는 저온이 필요하다. 이것은 맹아한 다음 저온이 있어야만 화아형성이 완성되고 개화한다는 것을 의미한다. 따라서 이들 구근류는 여름의 고온기와 겨울의 저온기를 거쳐야만 생장하고 개화하게 되는 것이다.

열대고지기후형에 속하는 달리아, 글라디올러스, 구근베고니아 등은 가을의 단일 하에서 구근을 형성하고 휴면하며, 겨울의 저온에 의해 휴면이 타파된다.

대륙동안기후형에 속하는 나리류는 대부분 초여름부터 여름에 걸쳐서 개화하고 고온 하에서 휴면하며, 저온에 의해 휴면이 타파된다. 이들 구근류는 지중해기후형에 속하는 구근들에 비해 기관의 분화나 신장의 정지 기간이 긴 편이다. 그러나 이들 역시 개화를 위해서는 여름의 고온기와 겨울의 저온기를 필요로 한다. 자생지에서 자라고 있는 나팔나리는 4월 하순에서 5월 상순 사이에 개화하고 지상부는 초여름에 고사하고 구근은 휴면한다. 휴면은 자연 상태에서 일정기간의 고온에 의해 타파되고 가을에 맹아하지만 겨울을 지나야만 개화한다. 즉 나팔나리 구근의 맹아에는 저온이 필요 없으나 개화유도에는 반드시 저온이 필요한 질적 저온요구성을 가지고 있다.

숙근류의 로제트

로제트는 일종의 휴면 현상으로, 줄기 선단부에서 잎의 원기가 계속해서 분화하지만 절간 신장이 이루어지지 않아 외관상 뿌리에 잎이 붙어 있는 것처럼 보이는 상태를 로제트(총생, rosette)라고 한다. 환언하면, 잎의 형성이 계속되는 데도 절간의 신장이 억제된 매우 짧은 줄기에 많은 잎이 붙어있어 마치 편평한 장미꽃처럼 보이기 때문에 붙여진 이름이다. 로제트화의 원인은 휴면에서와 같이 식물체 내부에 있는 경우와 외부환경에 기인하는 경우가 있다. 꽃도라지, 국화, 스타티스, 일본벌개미취, 마가렛, 숙근안개초 등에서 볼 수 있으며, 로제트의 유도 및 타파 조건은 휴면과 거의 비슷하다.

제4부

화훼의 생물학

08. 꽃은 수정을 위해 아름다운 색깔로 치장하고 있다

09. 화훼는 자신을 보호하기 위해 향을 발산한다

10. 화훼는 생명활동을 위해 호르몬을 생산한다

08 꽃은 수정을 위해 아름다운 색깔로 치장하고 있다

주변에는 각종 식물이 철 따라 형형색색의 꽃을 피워 우리를 즐겁게 해주고 있다. 꽃의 색깔은 빨강, 분홍, 오렌지, 노랑, 푸른색, 보라, 흰색, 거무스름한 것 등 다양하다. 꽃의 색깔을 지배하는 화색소는 주로 꽃잎의 앞쪽이라 할 수 있는 향축면 표피세포에 존재하지만, 뒤쪽의 배축면 표피세포에도 존재하는 경우가 있다. 비교적 짙은 색의 경우에는 책상조직과 해면상조직의 세포에도 존재한다. 꽃잎에 빛이 닿으면 꽃잎의 표면에서 반사되거나 꽃잎 조직에 흡수되거나 꽃잎을 투과한다. 사람의 눈에 보이는 꽃의 색은 꽃잎에서 반사되는 빛이며, 이것을 화색(flower color)으로 취급하고 있다.

화색의 발현

같은 종류의 식물이라 하더라도 화색은 해마다, 계절에 따라, 또 어떤 것은 하루 중에도 변화하는 것을 볼 수 있다. 화색의 발현은 주로 꽃의 착생 위치, 각도, 꽃잎의 표면이나 내부 구조, 화색소의 종류와 함량, 조색소 등 유전적 요인에 의해 결정된다. 예를 들면, 색소의 함량이 같고 빛의 각도가 같아도 검거나 붉은 장미로 보이는 것은 표피세포의 형태, 즉 표피세포의 굴곡 정도 때문이다. 또 봉오리 때 검게 보이던 장미가 꽃이 필수록 붉게 보이는 것은 꽃잎의 표피세포 표면의 부드러운 성질이 없어짐과 동시에 단위 면적당 화색소의 함량이 감소되기 때문이다.

한편, 광, 온도 등의 환경요인에 따라서도 화색은 다르게 나타난다.

화색소

화색의 발현에 관여하는 중요한 색소로는 플라보노이드, 카로티노이드, 엽록소, 베타레인 등 4종이 있다. 이러한 화색소(flower pigment)들은 단독으로 또는 공존하면서 다양한 화색을 만들어내고 있다. 대부분의 화색을 지배하는 색소는 플라보노이드와 카로티노이드이다.

플라보노이드

플라보노이드(flavonoid)는 화색 발현의 주체로서, 안토시아닌, 플라본, 플라보놀, 칼콘, 오론 등이 있으며, 물, 알코올, 산 등 친수성 용매에는 잘 녹으나, 유지류인 벤젠이나 에테르에는 잘 녹지 않는다.

안토시아닌(anthocyanin)은 빨강, 오렌지, 분홍, 자주, 보라, 푸른색 등을 나타내며, 꽃, 과실, 줄기, 잎, 뿌리 등에 존재하고 있다. 안토시아닌은 보통 포도당과 결합한 배당체로서 존재하며, 이 배당체에서 당이 제거된 것을 안토시아니딘(anthocyanidin)이라고 한다.

천연의 안토시아니딘은 페랄고니딘(pelargonidin), 시아니딘(cyanidin), 델피니딘(delphinidin)의 세 그룹이 있다. 장미에서 푸른색 꽃이 없는 이유는 푸른색을 발현하는 색소인 델피니딘이 없기 때문이다. 푸른색 꽃은 장미, 글라디올러스, 카네이션, 튤립, 거베라에서, 빨간색 꽃은 꽃창포, 제비붓꽃, 독일붓꽃에서 육종의 목표가 되고 있다.

플라본(flavone)과 플라보놀(flavonol)은 대부분 잎, 꽃, 과실에 존재하면서 옅은 노란색, 크림색, 흰색을 지배하는 색소이지만, 보통 안토시아닌과 공존하여 화색을 발현하기 때문에 조색소(copigment)라고 한다. 플라본, 플라보놀, 타닌 등의 조색소는 무색이지만 안토시아닌과 복합체를 형성하면 푸른색으로 변화하거나 색깔이 짙어지거나 색소의 안정성을 증가시킨다. 또 흰색이나 매우 옅은 노란색 꽃은 플라본 또는 플라보놀을 가지고 있다. 플라본과 플라보놀을 가지지 않는 완전한 흰색 꽃은 드물다. 흰색 꽃은 매리골드에서 육종의 목표가 되고 있다.

오론(aurone)과 칼콘(chalcone)은 노란색에서부터 오렌지색을 발현하며 진한 노란색을 지배한다.

플라보노이드는 액포 속에 존재하며 pH에 따라 색깔이 변화한다. 예를 들면 안토시아닌은 산성에서 빨간색, 중성에서 보라색, 알칼리성에서는 푸른색을 띤다. 조색소는 산성에서 연한 노란색, 알칼리성에서 진한 노란색을 띤다. 그리고 플라보노이드의 종류와 함량, 그리고 유기산 등과의 조합 여부에 따라 다양한 색채가 발현된다.

카로티노이드

카로티노이드(carotenoid)는 꽃잎, 잎, 과피, 과육, 뿌리, 꽃가루 등에 있는 색소체에 주로 존재하며, 카로틴과 크산토필로 대별된다. 카로틴(carotene)은 벤젠이나 에테르에 잘 녹는 노란색, 오렌지색, 빨간색이며, 카로틴의 수산화 유도체인 크산토필(xanthophyll)은 메탄올에 잘 녹는 노란색 색소이다. 이와 같이 카로티노이드는 벤젠과 에테르에는 잘 녹으나 물과 에탄올에는 잘 녹지 않는다.

노란색의 발현은 카로티노이드와 플라보노이드에 의하는 경우, 카로티노이드에만 의하는 경우, 플라보노이드에만 의하는 경우가 있지만, 카로티노이드와 플라보노이드의 양자에 의해 화색이 발현되는 경우가 일반적이다. 이 경우 카로티노이드의 역할이 크다. 노란색 꽃은 스위트피, 아잘레아, 나팔꽃, 꽃창포, 제비붓꽃에서 육종의 목표가 되고 있다.

카로티노이드는 플라보노이드와 달리 pH에 따른 화색의 변화가 없다.

엽록소

엽록소(chlorophyll)는 잎, 줄기, 꽃, 과실에서 녹색을 나타내는 색소로서 마그네슘을 포함하고 있으며, a, b형이 있다. 엽록소 a는 청록색을, 엽록소 b는 황록색을 지배하며, a : b의 비율은 2 : 1 정도이다. 주로 아세톤이나 알코올로 추출하며, 카로티노이드와 공존한다. 엽록소는 어린 꽃봉오리에서 흔히 볼 수 있으나, 춘란, 한란, 카네이션 등에서는 개화 후에도 볼 수 있다. 초록색 꽃은 글라디올러스, 페튜니아, 백일홍, 카틀레야 등의 서양란, 국화 등에서 육종의 목표가 되어 있다.

안토시아닌이 액포에 다량 축적되면 엽록소에 의한 녹색의 발현이 억제되는 경우가 많다.

베타레인

베타레인(betalain)은 당을 포함하고 있기 때문에 물에 잘 녹으며, 분자 가운데 질소원자가 있어 함질소 안토시안이라고도 한다. 여기에는 베타시아니딘과 베타크산틴이 있다. 베타시아니딘(betacyanidin)은 적, 분홍, 푸른색을, 베타크산틴(betaxanthin)은 백, 크림, 노란색을 발현한다. 베타시아니딘은 산성에서는 빨간색, 알칼리성에서는 노란색으로 변한다. 이들 색소는 액포 속에 존재한다. 명아주과, 참비름과, 분꽃과, 장녹과, 번행초과, 쇠비름과, 선인장과의 식물은 베타레인을 많이 가지고 있다.

환경요인

화색의 모체가 되는 색소의 생성은 탄수화물의 생성과 밀접한 관계가 있다. 탄수화물의 생성은 광선의 부족, 온도, 병충해에 의한 엽록소의 감소, 양분의 과부족 등에 의해 영향을 받으며, 이와 같은 환경 하에서는 화색이 변화하게 된다. 일반적으로 화색은 개화 초기에 진하며, 꽃잎이 떨어지기 전에는 열게 변한다. 이것은 자연스런 노화 현상과 함께 색소가 빛, 온도 등에 의해 분해되기 때문이다. 이와 같이 광도, 광질, 온도 등의 환경요인은 화색의 변화에 큰 영향을 미친다

빛

화색이 제대로 발현되기 위해서는 광합성에 의한 탄수화물의 축적이 충분히 이루어져야 한다. 이때의 빛은 광합성을 통해 간접적으로 화색에 영향을 미치는 경우로 모든 식물에 해당된다. 광합성의 효율을 높이면 당의 생성이 많아지고 당은 안토시아니딘과 결합하여 안토시아닌의 함량을 증가시킬 수 있기 때문이다. 그러나 빛이 직접적으로 색소의 생합성을 촉진하여 화색에 영향을 미치는 경우도 있다. 이러한 예로 장미, 모과나무, 프리뮬러, 벚나무 등이 있다. 안토시아닌의 생성은 자외선이나 가시광 하에서 잘 이루어진다.

온도

온도는 광합성 속도를 좌우하는 요인인 한편, 광합성 산물인 탄수화물의 소비 즉 화학반응의 진행속도에 관여하여 간접적으로 화색에 영향을 미친다. 고온 하에서는 호흡에 의한 탄수화물의 소비가 많아 화색이 잘 발현되지 않는다. 또 온도는 색소의 생성에 직접적인 영향을 미치므로 최적 온도가 요구된다. 화색소의 최종적인 생성량은 꽃잎이 생육하는 동안 색소가 어느 정도 축적되느냐에 따라 좌우된다.

온도는 꽃잎의 생장 속도를 늦추고, 색소의 생성이 잘 되고, 탄수화물의 소비가 적은 조건이 이상적이라 할 수 있다. 화훼의 종에 따라 다르긴 하지만, 주간에는 광합성을 충분히 할 수 있는 25℃ 정도가, 야간에는 호흡을 억제하여 탄수화물의 소비를 줄일 수 있는 10℃ 전후가 바람직하다.

토양과 비료

토양이나 비료는 화색의 발현에 광이나 온도만큼 큰 영향을 미치지 않는다. 수국의 푸른색 품종은 산성 토양에서 재배하면 깨끗한 푸른색의 꽃을 볼 수 있지만 그렇지 않은 곳에서는 엳은 하늘색을 나타낸다. 산성 토양에서는 알루미늄의 흡수가 촉진되어 안토시아닌이 알루미늄과 복합체를 만들기 쉽기 때문이다. 또 달개비는 마그네슘, 수레국화는 철과 마그네슘의 존재 하에서 푸른색화가 촉진되기도 하는 등 비료의 종류나 과다에 의해서도 화색은 약간의 영향을 받는다.

퇴색과 변색

퇴색

개화한 다음 새로운 색소의 생성이 정지하거나 꽃잎의 생장 속도가 빨라 단위면적당 색소 함량이 감소하게 되면 화색이 엳어진다. 이러한 퇴색(color fading)은 개화 후의 일수가 경과하면 자연스런 노화(senescence)에 의해 급격히 진행된다. 퇴색의 늦고 빠름은 화색소의 분해시기에 따라서도 결정된다. 꽃의 퇴색은 에틸렌의 생성에 의한 노화가 주된 원인이며, 이것은 고온의 영향을 크게 받는다.

화색소는 개화 전, 개화 초기 또는 개화 후에 생성되지만, 화훼의 종류에 따라서는 화색소의 생성시기가 다르다. 개화 전이나 개화 초기에 화색소가 생성되는 종류로는 장미, 벚나무, 수선, 금어초 등으로 대부분의 꽃이 여기에 속한다. 이들 그룹은 개화 후 퇴색이 급속히 진행되는 것이 문제점이다. 개화하고 난 다음에 화색소가 생성되는 종류로는 잔털명자나무, 산당화, 장미의 일부 품종이 있다. 이들 그룹은 개화 후 빛이 있어야만 화색소의 생성이 촉진된다. 개화 전과 후에 화색소가 생성되는 종류로는 글로리오사, 장미의 일부 품종이 있다. 이러한 종류는 개화할 때 이미 착색되어 있을 뿐만 아니라 개화 후에도 꽃잎의 생장과 함께 색소가 생성되기 때문에 퇴색이 잘 되지 않는다.

꽃의 품질 유지를 위해서는 가능한 한 저온에서 유지하는 것이 바람직하다. 또한 에틸렌의 생성억제제와 작용억제제로 꽃잎의 노화와 색소의 분해를 지연시킬 수도 있다.

변색

화색이 변화하는 것을 변색(discoloration)이라고 하는데, 가장 흔히 나타나는 현상은 청변화와 적변화이다. 청변(blueing)은 빨간색 계통의 꽃잎이 푸른색을 띠는 현상으로 장미, 제라늄, 페튜니아, 카네이션 등에서 볼 수 있으며, 적변(redding)은 푸른색, 보라색 또는 자주색의 꽃잎이 붉은 색으로 변하는 현상으로, 나팔꽃이나 후크시아 등에서 볼 수 있다. 가을에는 두릅 등의 붉은 잎을 흔히 볼 수 있는데, 이것은 저온의 영향으로 안토시아닌의 생성이 촉진되기 때문이며, 겨울의 꽃양배추도 거의 같은 원리에 의해 빨간색으로 변색하거나 흰색으로 바뀌는 백화(albinism)현상이 나타난다. 청변화는 꽃잎 세포의 pH가 높아질 때, 적변화는 세포의 pH가 낮아질 때 일어난다.

어떤 꽃에서는 페놀물질의 산화와 타닌의 축적에 의해 꽃잎이 갈변(browning) 또는 흑변(blacking)하는 경우도 있다.

잎의 생장이 정지하면 엽록소의 광합성 능력은 저하하고 단백질이나 RNA의 함량이 감소한다. 이후 노화가 진행되면 엽록체의 변성과 함께 그 구조가 붕괴되어 꽃잎이나 잎의 녹색이 소실된다. 엽록소의 형성에는 빛이 절대적으로 필요하기 때문에 암 상태에 둔 것일수록 엽록소 소실의 정도가 크다. 암 상태로 오래 두면 엽록체나 색소체 속에 있는 카로티노이드가 노란색으로 나타나게 된다. 가을에 은행나무 등의 잎이 노란색으로 변하는 것은 온도 하강으로 인해 엽록소가 분해되는 한편 노란색을 지배하는 카로티노이드가 나타나기 때문이다.

절화는 뿌리가 없기 때문에 흡수량은 적고 증산량이 많아 수분의 불균형이 초래되고, 결과적으로 수분 스트레스를 받게 된다. 이러한 조건 하에서는 꽃잎이나 노화가 촉진되어 퇴색이나 변색이 일어난다. 이를 방지하거나 지연시키기 위해서는 증산을 억제하여야 한다. 그리고 줄기 하나에 여러 개의 꽃이 피거나 수상화서에서와 같이 꽃봉오리가 점차 개화하는 종류는 봉오리의 개화와 화색소의 생성에 필요한 탄수화물의 합성 장소인 잎이 노화하지 않도록 주의해야 한다.

09

화훼는 자신을 보호하기 위해 향을 발산한다

인간은 오래전부터 향(향기, aroma)을 사용하여 왔다. 고대 이집트에서는 향이 있는 나무 등을 태우면 향과 함께 자신들의 영혼이 향의 연기를 타고 신 앞에 승천한다고 믿고 있었다. 현재에도 향은 종교 의식 등에서 매우 중요한 역할을 하고 있으며, 클레오파트라는 향료를 사용하여 사람의 마음을 사로잡기도 하였다. 이외에도 향료는 식품, 의약품, 화장품, 위생제품 등 다양하게 쓰이고 있을 뿐만 아니라 생활수준이 향상됨에 따라 소비가 확대되고 있다. 또 최근 등산을 즐기는 인구가 늘어나면서 삼림욕의 효능과 향 자체에 대한 관심도 커지고 있다.

식물의 향은 그 세계가 너무나 방대하고 다양하여 중요한 환경요인으로 인식되고 있지만 화학적으로 불안정한 물질이기 때문에 연구가 가장 미진한 분야이기도 하다. 인류가 사용해 온 식물의 향은 주로 꽃에서 유래되었기 때문에 꽃의 향은 식물 향의 대표라고 할 수 있다.

향의 존재 부위

식물 향의 성분은 정유라고 하며 꽃, 꽃봉오리, 과실, 종자, 잎, 줄기, 뿌리, 구근 등 모든 부위에서 만들어지고 있다. 정유의 함량은 식물의 종류나 기관에 따라 다르다. 정유는 표피세포의 선모, 유선, 유낭 등에 존재하고 있다. 향은 여기에서 휘발성의 증기로 변하여 공중으로 비산한다. 식물의 표피를 손으로 만질 때 향이 나는 경우는 선모 등의 세포가 터져 정유가 휘발하기 때문이다. 또 파 등을 가늘고 잘게 자를수록 향이 강한 것도 같은 원리이다.

향의 역할

식물이 발산하는 향은 도대체 무슨 역할을 하고 있는 것인가? 이동이 불가능한 식물은 향을 통해 곤충이나 동물을 유인하여 수분과 수정이 가능하도록 한다. 그 증거로 충매화의 향은 풍매화의 향보다 훨씬 강하다. 그리고 식물 향의 성분에는 살균력이나 방충력이 있어 미생물이 식물체에 기생하거나 번식하는 것을 방지하고 벌레들이 식물체에 접근할 수 없도록 하는 자기방위의 임무도 가지고 있다.

향과 관련된 용어

후각에 의해 냄새를 기술하는 용어에는 향, 취, 내가 있다. 일반적으로 쾌감을 주는 냄새를 향, 불쾌감을 주는 냄새를 취 또는 악취(offensive odor), 향과 취가 조화를 이루어 쾌감을 주는 경우가 내이다. 향과 관련하여 실제 사용되고 있는 용어는 매우 다양하다.

정유

정유(essential oil)는 방향유 또는 향유라고도 하며, 기름성분을 갖는 액체이지만 쉽게 기화하며 식물체 내에서는 아주 작은 방울로 존재하거나 작은 주머니 안에 있다. 정유에서 정이 갖는 뜻은 식물에 필수적이라는 뜻이 아니라 쉽사리 기화하여 날아가는 성질을 의미한다. 정유에는 향과 관련된 약 50~500개의 화학물질이 포함되어 있다.

방향

방향(fragrance)은 냄새 중 향기로운 것으로 특히 꽃의 향을 지칭하는 경우가 많다. 특정 꽃의 전체 향을 지칭할 때는 꽃향(flower scent)이라 하고, 특정 냄새를 지칭하는 경우에는 향내(fragrance scent)라고 한다.

향

향(aroma)은 방향보다 포괄적인 의미로 식물체의 모든 부위에 있는 향을 지칭할 때 주로 사용되며, 기체 상태만이 아니라 근원 물질을 지칭하기도 한다. 예를 들면 향유(aromatic oil)와 자연 또는 합성 화학물질인 향기물질(aromatic chemicals) 등이 있다.

향미

향미(flavor)는 입에 들어가서 향기로운 맛을 내는 것으로 식품에서는 식물의 방향을 향미로 부른다.

향수

향수(perfume)는 연기로의 의미를 갖는 라틴어의 perfume에서 유래되었다. 향의 의미가 현재는 향수로 통하고 있는 것이다. 19세기까지는 모든 향수가 천연의 향유였으나, 현재는 천연의 향유가 드물고 대부분은 알코올로 희석되어 있다.

화학성분

정유의 화학성분은 주로 테르펜류이며, 테르펜은 동물과 식물로부터 얻어지는 유기화합물 가운데 탄소수가 5의 배수인 것으로, [CH_2=C(CH_3)CH=CH_2]을 구성단위로 하고 있다. 이외에도 벤젠족의 알코올 및 알데히드, 케톤과 각종 에스테르 등으로 구성되어 있으며, 꽃의 종류에 따라 함유된 성분도 다양하다. 모노테르펜의 향은 강하고 휘발하기 쉽지만 식물의 향 가운데 가장 많이 이용되고 있는 것 가운데 하나이다. 천연 향료는 1,500종 정도 알려져 있지만 시장에서 거래되고 있는 것은 150종 정도이다.

향의 3여신

천연의 정유를 채취하는 가장 일반적인 방법은 증류법, 압착법, 추출법이 있다. 자스민의 꽃으로부터 한 방울의 정유를 채취하기 위해서는 200~220개의 꽃이 필요하므로 가장 비싼 향료 가운데 하나로 취급되고 있다. 자스민, 장미, 오렌지의 꽃 정유는 향의 3여신으로 불리고 있으며, 여러 가지 향을 만들 때 사용되는 가장 중요한 향료이다. 수선, 튜베로즈, 치자나무, 카네이션, 미모사 등의 꽃도 흔히 사용되고 있다. 또 이들 향료를 기본으로 하고 여러 가지 정유를 조합하여 프리지어나 라일락 등의 정유에 가까운 향료를 대량으로 합성하고 있다.

아로마테라피

근래에는 스트레스나 장기간에 걸친 생활 리듬의 난조 등이 많은 병의 원인으로 지적되고 있다. 스트레스를 해소하는 데에는 향이 인체의 심리 및 생리적으로 중요한 작용을 한다는 것이 알려지면서 정유가 이용되는 향기치료(aromatherapy)에 관심이 높아지고 있다. 향기치료는 aroma(향)와 therapy(치료, 요법)와의 합성어로 향에 의한 병의 치료를 의미하며, 유럽에서는 오래전부터 행해오고 있다. 치료는 향료의 증기를 흡인 또는 복용하거나 오일 마사지를 통해 체내로 밀어 넣는 방법 등이 있다.

향 가운데에는 마음을 진정시켜 편안하게 하는 진정 효과가 있는 것과 마음이 불안정하게 되는 흥분 효과가 있는 것이 있다. 전자의 예로는 라벤다 향이 대표적이며 이외에도 카모밀, 레몬, 백단 등이 있으며, 후자의 경우에는 자스민 향이 대표적이며 이외에도 장미, 페퍼민트 등이 있다.

향기치료는 진정 및 흥분효과 이외에도 면역기능의 조정, 모세혈관의 확장, 생체리듬의 조정, 염증 방지, 항산화 작용, 피로회복, 항균작용, 이뇨작용, 마취작용, 소독작용, 공기정화 등의 효과가 있는 것으로 알려져 있다.

피톤치드

식물이 분비하는 휘발성 물질에 의해 미생물의 생장이나 증식이 늦어지거나 죽는 현상을 보고, 1930년대 구 소련의 도킹 교수는 식물의 향이 갖는 불가사의한 힘을 피톤치드(phytoncide)라고 했다. 피톤치드는 phyton(식물의)과 cide(죽이다)의 합성어이다. 피톤치드의 구성물질인 테르펜이라고 하는 항균물질을 사람이 마시거나 사람의 피부에 접촉시키면 혈압 저하, 심폐기능의 강화, 소염, 소독, 신경안정 등에 효과가 있다.

산림욕이 건강에 좋은 이유는 식물이 각종 미생물로부터 자신을 보호하기 위해 끊임없이 발산하는 방향성 물질인 피톤치드가 있기 때문이다. 이로 인해 사람이 꽃과 산림 속에서 느긋하게 휴식을 하게 되면 초조한 마음이 안정되고 몸과 마음이 건강해지는 것이다.

10

화훼는 생명활동을 위해 호르몬을 생산한다

모든 식물은 특유의 생활환을 가지고 있으며, 생활환의 구성요소인 발아, 생장, 개화, 결실, 노화 등의 각 과정이 순조롭게 진행되기 위해서는 적당한 환경이 필요하다. 환경의 영향을 받은 식물체는 특이한 물질을 생성하고, 이들 화학물질은 DNA가 가지고 있는 암호를 번역하고 RNA와 단백질 등 많은 물질을 생성토록 하여 생활환의 각 과정이 순조롭게 진행되도록 한다. 이와 같이 유전정보와 식물의 생육을 연결시켜 주는 주된 화학물질이 식물호르몬이다.

호르몬

식물호르몬(plant hormone)은 식물체 내에서 합성되는 유기화합물이며, 매우 낮은 농도로 모든 종의 생장, 분화 및 기타 생리과정을 조절하는 물질이라고 정의할 수 있다. 그러므로 호르몬은 생명활동의 영위를 위해 필수적인 물질이라 할 수 있다. 동물호르몬은 체내의 특정 장소에서 합성되어, 혈액 등의 체액을 통해 표적조직 또는 세포, 즉 다른 장소로 이동하여, 매우 낮은 농도로 또는 농도 변화에 의해 생리반응을 조절하는 물질이기 때문에 식물호르몬과는 다르다.

식물호르몬에는 옥신, 지베렐린, 시토키닌, 에틸렌 그리고 아브시스산 등 5종류의 화합물 또는 그룹이 있다. 이 밖에 브라시노스테로이드, 폴리아민, 플로리겐도 식물호르몬이라 할 수도 있지만 폴리아민은 동물이나 박테리아에도 존재하고 있으며, 플로리겐은 아직도 그 구조가 밝혀지지 않고 있다.

생장조절물질

식물호르몬과 비슷한 의미로 식물생장조절물질(plant growth regulator) 또는 식물생장조절제라는 용어가 사용되고 있다. 이 용어는 식물호르몬은 물론이고 호르몬과 비슷한 작용을 하는 천연 또는 합성 물질을 총칭할 때 사용되고 있다. 이들은 미량으로 식물체 내에서 일어나는 생리과정을 촉진 또는 억제하고, 때로는 생장을 질적으로 변화시키는 유기화합물이라고 할 수 있다. 식물의 생장이나 분화는 생장조절물질을 이용하여 제어할 수 있는데, 이러한 방법을 화학조절이라고 한다. 이 방법은 실제 화훼 재배에 널리 활용되고 있다.

옥신

옥신(auxin)의 대표적인 생리작용은 빛이 있는 쪽으로 줄기가 굽는 굴광성이며, 세포의 신장을 통해 생장을 촉진한다. 이외에도 옥신은 정아우세, 부정근 형성의 촉진 등에 영향을 미친다. 옥신의 천연 호르몬으로는 IAA(indoleacetic acid)가 있으며, 이와 비슷한 생리작용을 하는 인공의 합성 화합물로는 IBA(indolebutylic acid), NAA(naphtaleneacetic acid), 2,4-D(2,4-dichlorophenoxyacetic acid) 등이 있다.

지베렐린

지베렐린(gibberellin)의 기능은 세포의 분열과 신장을 통해 식물의 초장(plant height)을 조절하는 호르몬으로, 키가 작은 대부분의 왜성식물에 지베렐린을 처리하면 초장이 정상으로 돌아온다. 이외에도 휴면타파, 노화 억제 등의 생리작용이 있다. 지베렐린은 식물체에서 추출하여 그 구조가 밝혀지는 순으로 번호를 부여하고 있으며, 현재 130종 이상이 있다. 이 가운데 지베렐린 A_3(GA_3)는 생리활성이 강해 가장 많이 이용되고 있다.

시토키닌

시토키닌(cytokinin)은 세포분열을 촉진하는 한편 정아우세에 길항적으로 작용하여 측아의 생장을 촉진하거나 부정근의 형성을 억제하는 등 옥신과는 상반된 생리작용을 한다. 이외에도 시토키닌은 발아 촉진, 노화 억제 등의 생리작용이 있다. 시토키닌의 천연 호르몬으로는 지아틴(zeatin)이 있으며, 이와 유사한 작용을 하는 인공의 합성 화합물로는 벤질아데닌(benzyladenine, BA), 카이네틴(kinetin) 등이 있다.

아브시스산

천연 호르몬으로는 아브시스산(abscisic acid, ABA)이 있으며, 휴면을 유도하거나 줄기의 신장을 억제하는 등 지베렐린과는 상반되는 생리작용을 한다. 이외에도 ABA는 기공을 폐쇄하는 등의 작용이 있다.

에틸렌

에틸렌(ethylene)의 대표적인 생리작용은 신장생장(elongation growth)을 억제하고 비대생장(growth in thickness)과 노화를 촉진하는 것이다. 이외에도 에틸렌은 잎의 향축면이 배축면보다 더 자라서 잎이 아래로 말리는 현상인 상편생장(epinasty), 꽃잎이나 잎의 탈리(abscission)를 촉진하는 등의 생리작용이 있다. 에틸렌은 식물이 스스로 만들어내는 천연의 호르몬이지만, 자동차, 공장, 난로 등에서도 발생되므로 대기 중에는 상당량의 에틸렌이 존재하고 있다. 에틸렌과 유사한 작용을 하는 합성 화합물로는 에테폰 등이 있다.

생장억제제

생장억제제(growth retardant)란 줄기를 구성하는 세포의 분열과 비대를 억제함으로써 줄기의 절간 신장을 감소시키는 생장조절물질이며, 왜화제라고도 한다. 생장억제제는 초장을 감소시키는 작용 이외에도 잎의 농록화, 화아형성의 촉진, 꽃봉오리 수의 증가, 내한성 및 내건성의 증가, 대기오염이나 고온과 저온에 대한 내성 증가, 병충해 저항성 증대 등에 효과가 있다. 또한 식물체의 크기가 작기 때문에 단위 면적당 생산량이 늘어나고 수송할 수 있는 개체수가 증가되는 등 경영상의 장점도 크다.

화훼의 생산에 주로 이용되고 있는 생장억제제로는 다미노자이드(daminozide), 클로로메콰(chlormequat), 안시미돌(ancymidol), 유니코나졸(uniconazole), 파클로뷰트라졸(paclobutrazol) 등이 있다.

Daminozide(Alar, B-9, SADH)는 가장 빨리 실용화된 생장억제제로서 광범위하게 적용되고 있으며 약해가 거의 없고 엽면살포의 효과가 크다. 초화류와 화목류의 줄기 신장 억제와 구근류의 화경 신장 억제에 매우 효과적이다.

Chloromequat(CCC, Cycocel)은 daminozide와 함께 긴 역사를 가진 생장억제제로서 토양관주의 효과가 크며, 하와이무궁화, 수국, 제라늄 등에 이용되고 있다.

Ancymidol(A-rest, Quel)은 토양관주나 엽면살포 모두 그 효과가 안정되어 있으며, 적용 범위가 넓어 나리를 비롯하여 포인세티아, 꽃도라지 등 많은 종류에서 이용되고 있다.

Uniconazole(Sumagic, S-07)은 적용 범위가 대단히 넓으며, 국화, 포인세티아, 철쭉, 로도덴드론 등의 분화 생산 시에 널리 이용되고 있다. 철쭉과 로도덴드론은 왜화뿐만 아니라 꽃눈의 분화가 촉진되어 개화가 빨라지고 꽃봉오리의 수도 증가한다. 엽면살포나 토양관주 모두 매우 유용하다.

Paclobutrazol(Bonzi, PP-333)은 초장 억제, 초형 개선, 꽃봉오리 수의 증가, 엽색의 선명화, 개화 촉진 등에 효과가 있으며 살균작용도 있다. 엽면살포의 효과가 크며, 포인세티아, 튤립, 국화, 철쭉, 왜철쭉, 장미, 베고니아 등 거의 모든 화훼에 이용할 수 있다.

처리방법

식물생장조절물질의 처리방법은 지상부에 용액을 분무하는 엽면살포(foliar spray), 엽통이나 엽액에 용액을 떨어뜨리는 적하(dropping), 식물체의 일부나 전체를 일정시간 용액에 담가 두는 침지(soaking), 토양에 용액을 주입하는 관주(drench), 가루제품이나 입제(granule)를 토양에 뿌리거나 토양과 혼합하는 토양혼합(mixing), 약제를 활석(talc) 등의 분말(powder)과 혼합하여 처리 부위에 묻히는 분의(dressing), 약제를 라놀린(lanaolin)과 혼합하여 처리부위에 바르는 도포(painting), 에틸렌 등의 가스에 일정시간 노출시키는 기욕법(vapor method) 등이 있다.

활용방면

휴면타파

휴면은 일반적으로 ABA의 생성에 의해 유도되며, ABA의 농도 저하와 GA의 생성에 의해 휴면이 타파된다. 종자의 휴면은 대개 GA_3 10~50mg · L^{-1}의 농도에서 24~48시간 동안 담가 두는 침지처리에 의해 타파된다. GA_3는 국화의 흡지, 화목류의 눈, 구근류의 휴면타파에도 관여하며, 저온 요구성의 부분적인 대체 효과도 있다. 일반적으로 휴면 초기에는 저온요구도의 충족 정도가 낮기 때문에 500~1,000mg · L^{-1}의 고농도 GA_3가 효과적이지만, 저온의 충족 정도가 높은 휴면 후기에는 5~100mg · L^{-1}의 저농도에서도 반응한다. 나리류의 휴면타파에는 GA_{4+7}도 효과적이다. 시토키닌은 종자, 글라디올러스와 프리지어 구근의 휴면타파에 유효하다. 구근아이리스와 프리지어의 휴면타파에는 훈연(smoking) 처리가 유효하며, 이 처리에 의해 저온에 대한 감수성이 높아지고 개화율이 향상되며 개화도 빨라진다.

로제트 유도

하국에서는 절화한 후의 모주에 1,000mg · L^{-1}의 에테폰을 수회 분무하면 모주에서 발생되는 측아는 모두 로제트화 한다. 로제트화 된 삽수를 채취하여 1℃에서 40일간 저온처리하여 삽목하면 촉성재배용 묘목으로서 이용할 수 있다.

신장생장 촉진

절화는 초장이 커야 하지만 재배 조건이나 품종에 따라서는 일정한 초장을 확보하기 어려운 경우가 많다. 줄기나 화경의 신장생장을 촉진하기 위해서는 GA_3가 주로 사용되고 있다. 하국, 시네라리아, 시클라멘, 왜성 스위트피 등에 주로 이용되고 있다. GA_3의 농도는 50~100mg · L^{-1} 정도이다.

초장 억제

폿트멈, 나리, 하와이무궁화, 부바르디아 등은 초장이 커서 분화용으로 적합하지 않다. 이들의 생장을 억제하여 새로운 분화를 개발하기 위해서는 ancymidol, chromequat, daminozide, paclobutrazol, uniconazole 등의 생장억제제가 필수적이다.

측아의 생장 촉진

정아우세를 타파하여 측아의 생장을 촉진함으로써 절화의 수를 증가시키거나, 폿트멈, 포인세티아, 제라늄의 가지 수를 증가시켜 분화의 관상가치를 높일 목적으로 시토키닌이 이용되고 있다. 장미는 기부에서 줄기 발생을 촉진하기 위해 땅 표면과 인접한 눈에 0.5~1%의 BA 라놀린 풀(lanolin paste)의 도포를 실용화하고 있다. 또 덴드로비움의 위쪽 눈 발생 촉진이나 겨울철 채화 후 가장 위쪽에 있는 측아의 맹아를 촉진하기 위해 0.25%의 BA 라놀린 페이스트를 절단부에 바르는 것도 일반화되고 있다. 지방산의 메틸에스테르나 아트리날(artrinal, dikegulac)은 줄기의 신장 생장을 억제하고 측지의 생장을 촉진하는 적심(pinching) 효과가 있어서, 분화류의 생장억제, 분지와 개화촉진제로서 주목받고 있다.

낙엽

조팝나무 등의 낙엽성 화목류에서는 개화의 균일화를 위해 calcium cyanamide, sodium chlorate, 2,3,5-triodobenzoate 등의 적엽제(defoliant)를 이용하고 있다.

발근 촉진

삽수의 발근 촉진을 위해 IAA, IBA, NAA 등 옥신의 이용이 오래전부터 실용화되어 있다.

개화조절

생장조절물질은 화아분화를 유도하는 질적 작용과 화아의 발달에 영향을 미쳐 꽃봉오리의 수가 증가하고 개화시기가 빨라지는 등의 양적 작용 모두에 영향을 미친다. 카바이트, 에테폰, BOH 등은 파인애플, 아나나스의 화아분화에 작용한다.

Daminozide, chlormequat 등의 생장억제제도 아잘레아, 부겐빌레아의 화아 유도에 관여하여 유년상을 빨리 마치도록 하는 효과가 있다.

GA_3는 장일식물의 화아 발달 과정에 작용하여 개화를 촉진하고 꽃봉오리의 수를 증가시키지만, 실용화되고 있는 것은 일본벌개미취, 시클라멘, 튤립 정도이다. 또 튤립의 촉성재배 시에 흔히 발생하는 블라스팅은 GA_3 처리로 방지할 수 있으며, BA와 병행 처리하면 튤립 절화의 품질도 개선된다. 처리방법은 초장이 5~10cm일 때 물 1L당 GA_3 100mg과 BA 25mg의 혼합용액 0.5~1mL를 잎 사이에 1~2회 떨어뜨린다.

품질 향상

시토키닌은 노화 및 잎의 황변 지연, 옥신은 포인세티아의 노화 및 낙화 지연, 지베렐린은 봉오리 개화와 엽록소 소실의 감소, ABA는 증산 억제, 생장억제제는 노화 지연과 환경 스트레스에 대한 꽃의 내성 증대에 효과가 있다.

이외에도 생장조절물질은 휴면의 유도와 같은 생장과 분화의 조절, 적심, 적엽, 적뢰(disbudding) 등의 생력화(lavor-saving), 분화류의 소형화(miniaturizing), 관상기간의 연장과 같은 품질 향상, 내건성, 내한성, 내병성 등 불량환경에 대한 저항성을 부여하는 등의 기능이 있어 화훼생산에 널리 이용되고 있다.

제5부

화훼의 구조와 모양

11. 화훼는 잎, 줄기, 뿌리로 이루어져 있다

12. 화훼의 모양은 변태와 기형 등 다양하다

11

화훼는 잎, 줄기, 뿌리로 이루어져 있다

창가에 귀엽게 피어있는 프리뮬러, 나비 모양의 아름다운 꽃을 피우는 팔레놉시스, 하늘 높이 줄기를 뻗는 메타세쿼이아, 연못의 수련, 사막의 선인장, 곤충을 잡아서 양분으로 이용하는 식충식물 등의 외관상 모습은 전혀 다르게 보인다. 하지만, 이들 화훼는 외부적으로 잎, 줄기, 뿌리가 있으며, 내부에는 유관속이 있다. 또한 녹색의 잎으로 광합성을 하며 토양, 물 등의 기질 속이나 위에서 생장하며 활발하게 움직이지 않는다는 공통점도 있다.

식물은 잎, 줄기, 뿌리의 영양기관과 꽃, 열매의 생식기관으로 이루어져 있다. 식물을 효율적으로 이해하기 위해서는 이들 각 기관의 구조와 기능, 그리고 각 기관 상호간의 유기적인 관계를 알아둘 필요가 있다. 꽃은 발생학적으로 잎에 해당되므로 식물체를 구성하는 기본적인 구조는 잎, 줄기, 뿌리라고 할 수 있다.

잎

외부형태

잎(leaf)은 일반적으로 줄기에서 옆으로 발생하며, 식물의 영양기관 중 가장 복잡하며 편평한 구조를 가지고 있다. 잎은 엽신, 엽병, 탁엽으로 이루어져 있다.

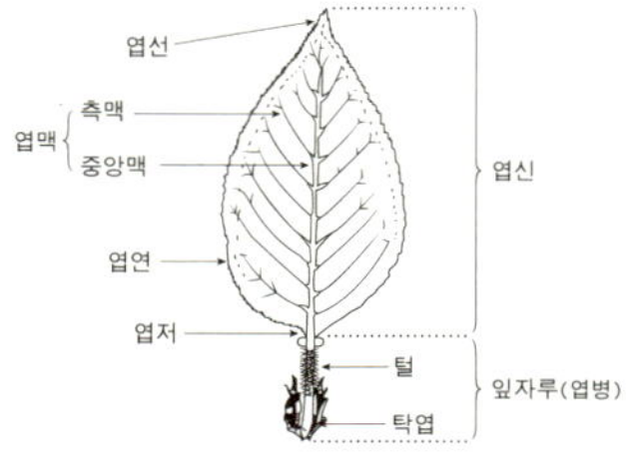

엽신(잎몸, leaf blade)은 잎의 몸통을 말하는 것으로 선단부는 엽선(leaf tip), 엽신의 기부는 엽저(leaf base), 엽신의 가장자리는 엽연(leaf margin)이

라고 한다. 엽신이 하나일 때는 단엽(simple leaf), 여러 개일 때는 복엽(compound leaf)이라고 한다. 복엽에는 엽축을 중심으로 양쪽에 날개 또는 깃털 모양의 작은 잎이 여러 개 있는 우상복엽(pinnate compound leaf)과 엽병의 선단에 여러 개의 소엽(leaflet)이 붙어 손바닥 모양을 하고 있는 장상복엽(palmate compound leaf)이 있다.

엽병(잎자루, petiole)은 잎과 줄기를 연결해 주는 역할을 하는 한편, 엽신을 적당한 각도로 유지해 주고 바람이 불어도 꺾이지 않도록 배열되어 있다. 엽병에는 털과 탁엽이 있으며, 탁엽(stipule)은 엽병 또는 엽병 기부 부근의 줄기에서 발생한다.

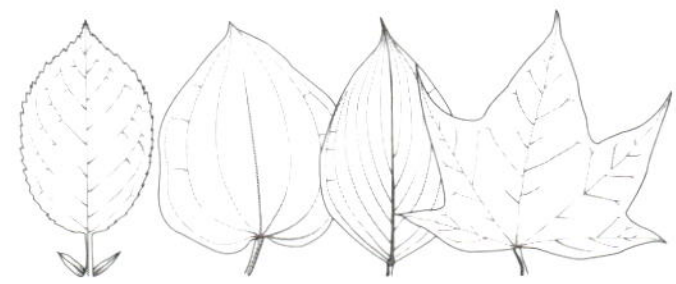

엽맥(leaf vein)은 잎에 형성되는 유관속계(vascular system)로서 잎의 뒤쪽인 배축(abaxial) 면이 돌출하고 앞쪽인 향축(adaxial) 면이 약간 들어가 있다. 엽맥의 모양은 관상 가치 측면에서 매우 중요하다. 단자엽식물은 엽맥이 평행으로 배열된 평행맥(parallel veins)이며, 평행맥에는 옥잠화, 비비추, 루스커스, 극락조화, 칼라데아, 디펜바키아, 드라세나, 고무나무, 마란타, 산세베리아, 아펠란드라 등이 있다. 쌍자엽식물은 엽맥이 중앙에 위치하면서 중심적인 역할을 하는 중앙맥(midvein)과 이 주맥(main vein)에서 좌우로 발생되는 측맥(lateral vein)을 가지고 있다. 엽맥의 배열된 모습이 마치 깃털처럼 보이는 것을 우상맥(pinnate vein)이라 하며, 수국, 왕벚나무, 목련, 란타나, 싸리, 아킬리파, 피토니아, 필레아 등이 있다. 엽맥이 손바닥 모양인 장상맥(palmate vein)은 단풍나무, 제라늄, 한련화, 국화, 팔손이, 페페로미아, 칼라디움 등이 있다. 그리고 그물 모양의 망상맥(netted venation)도 있다.

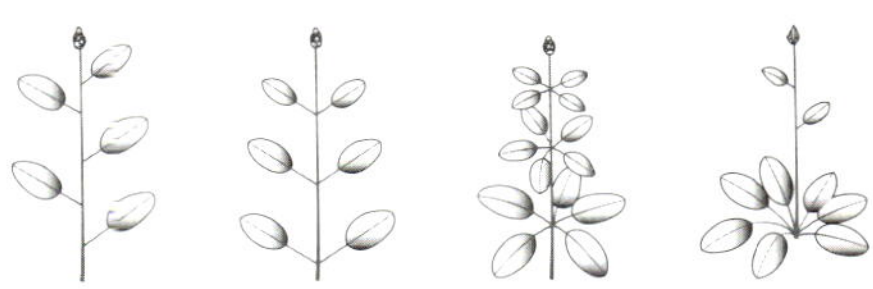

엽서(phyllotaxis)는 줄기면에 부착하는 잎의 배열 양식을 말하며, 호생엽, 대생엽, 윤생엽, 근생엽 등으로 구분한다. 둥굴레, 서양담쟁이, 송악, 느릅나무, 느티나무 등은 잎이 1매씩 나선형으로 붙는 호생엽(어긋나기잎, alternate leaf)이고, 소철, 마가목, 주목, 회양목 등은 2매의 잎이 서로 마주보는 대생엽(마주보기잎, opposite leaf)이며, 아스플레니움, 칼라데아, 드라세나 등은 줄기의 마디 하나에 잎이 3매 이상 붙는 윤생엽(whorled leaf)이다. 그리고 앵초, 제비꽃, 맥문동, 민들레, 바위취 등은 지표면 부근의 줄기에서 발생하는 근출엽(basal leaf)이다.

또 잎은 식물의 종류에 따라 크기, 모양, 엽선, 엽저, 엽연의 모양이 각기 다르다. 잎의 형태는 원형, 난형, 타원형, 파도형, 선형, 침형, 신장형, 심장형, 장사방형, 화살형, 도피침형, 쐐기형, 주걱형, 삼각형, 피침형 등으로 구분하며, 이외에도 방패엽, 관생엽, 덩굴손 등이 있다. 단자엽식물은 잎이 좁은 데 비해 쌍자엽식물의 잎은 넓다.

내부구조

잎의 내부 구조는 표피, 엽육, 유관속으로 구성되어 있다. 표피(epidermis)는 공기와 직접 접하고 있는 표면을 말하며, 흔히 앞면으로 불리고 있는 향축면의 표피는 딱딱한 큐티클로 이루어져 있다. 줄기의 축을 등지고 있는 배축면의 표피에는 기공(stoma)이 있다. 표피에는 털이나 가시가 있는 경우도 있는데 그 길이나 색깔이 다양하다. 엽육(mesophyll)은 책상조직(울타리조직, palisade tissue)과 해면상조직(갯솜조직, spongy tissue)으로 이루어져 있으며, 여기에서 광합성이 일어난다. 유관속(관다발, vascular bundle)은 사부(체관부, phloem), 목부(물관부, xylem), 형성층(부름켜, cambium)으로 이루어져 있다.

기능과 역할

잎의 기능 가운데 가장 중요한 것은 광합성이다. 광합성은 뿌리에서 흡수한 물, 기공을 통해서 흡수한 이산화탄소, 그리고 엽록체(chloroplast)에서 흡수한 빛에너지를 이용하여 탄수화물을 만드는 작업이다. 사람을 비롯한 고등동물은 탄수화물을 매일 섭취해야 하지만, 식물은 필요한 에너지를 스스로 만들고 있는 것이다. 또 광합성 산물인 탄수화물은 지구상의 모든 생물에게 없어서는 안 될 중요한 에너지원일 뿐만 아니라 광합성의 부산물로 배출되는 산소는 대기 정화에 중요한 역할을 한다.

잎에서 일어나는 증산 작용은 기공을 통한 수분 배출을 말하며, 식물체의 체온을 조절할 뿐만 아니라, 뿌리에서 양분과 수분의 흡수를 견인하는 원동력이 된다.

엽맥에 있는 유관속은 줄기나 뿌리에서와 같이 양분과 수분을 수송한다. 잎 표면의 큐티클(cuticle)은 수분의 증산과 가스의 출입을 제어하며 외부로부터의 물리적인 충격을 방지한다.

줄기

외부형태

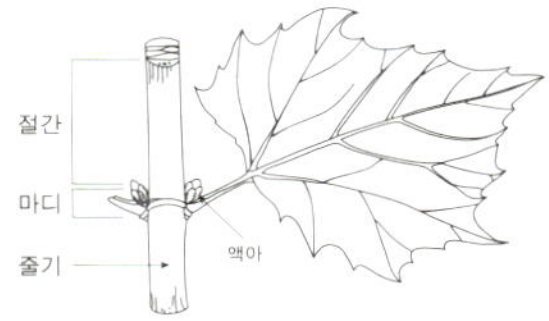

줄기(stem)는 고등식물의 체계를 이루는 근간이며 대개 극성이 있는 둥근 모양의 구조를 가지고 있으며 위를 향해 바로서는 직립성이다. 대부분은 땅위에서 자라는 지상경(terrestial stem)이며, 줄기의 길이는 1cm 미만의 짧은 것에서부터 세쿼이아처럼 100m에 달하는 것도 있어 줄기의 크기나 모양은 천차만별이다. 줄기는 중력의 반대 방향, 즉 위로 자라는 성질이 있는 한편, 빛이 있는 쪽으로 굽는 굴광성(phototropism)이 있다.

직립성의 지상경으로는 국화, 장미, 카네이션, 나리, 모란, 고무나무, 사철나무, 대나무 등에서 흔히 볼 수 있다.

모든 식물의 잎, 눈, 뿌리, 꽃은 줄기에 붙는다. 마치 사람의 몸통에 팔과 다리가 붙어있는 것과 같다. 초본류의 줄기에 잎이 붙어있거나 이른 봄에 새로 나온 목본류의 줄기는 새가지(신초, 새순, shoot)라고 한다. 줄기에서 잎이 붙는 장소를 마디(node)라 하고, 마디와 마디 사이는 절간(internode)이라고 한다. 눈(bud)은 줄기 꼭대기인 경정이나 줄기와 잎 사이의 겨드랑이라 할 수 있는 엽액(leaf axil)에서 형성되며, 전자는 정아(terminal bud), 후자는 액아(axillary bud) 또는 측아(lateral bud)라고 한다. 줄기에 정아와 측아가 함께 있을 때, 정아는 잘 자라지만 측아의 발달이 잘되지 않는 경우가 많은데 이러한 현상을 정아우세(apical dominance)라고 한다.

국화와 같은 초본식물(herbaceous plant)의 줄기는 유연하지만 소나무와 같은 목본식물(woody plant)의 줄기는 리그닌의 생성이 활발하여 초본류보다 딱딱하다. 목본식물은 내부를 보호하는 딱딱한 나무껍질인 수피가 초본류보다 발달해 있으며, 그 표면에는 가스 교환이 이루어지는 피목(lenticel)이 있다.

내부구조

줄기의 내부는 표피, 수(pith)나 피층(cortex)을 구성하는 기본조직계와 유관속계로 이루어져 있다. 이러한 구조는 초본식물과 목본식물에 따라 다르며, 단자엽식물과 쌍자엽식물에 따라서도 다르다.

초본식물의 줄기는 대개 표피, 피층, 중심주(stele)로 이루어져 있다. 피층은 주로 유조직(parenchyma)으로 이루어져 있으며 표피로 둘러싸여 있다. 중심주에는 내초(pericycle), 유관속, 수가 있다. 초본식물의 경우에는 형성층에서의 세포분열이 일정 기간만 일어나므로 줄기가 굵어지지 않는다. 목본식물의 줄기 역시 초본식물과 비슷한 구조를 가지고 있지만 형성층의 활동이 활발해서 해마다 나이테(annual ring)를 형성하고 줄기의 비대생장을 계속한다. 목본류의 경우에는 형성층의 활동이 은행나무나 느티나무처럼 수백 년에서 수천 년 동안 지속되는 것도 있다.

억새, 나리 등의 단자엽식물(외떡잎식물, monocotyledonous plant)의 유관속은 불규칙적으로 줄기 전체에 흩어져 있으며, 형성층이 없기 때문에 비대생장을 하지 않으며, 한다하더라도 빨리 멈춘다. 대나무, 옥수수, 벼 등의 단자엽식물은 절간분열조직(intercalary meristem)의 활동에 의해 신장생장을 하며, 그 결과 마디가 생기고, 마디 끝에서 꽃이 피며 꽃이 피면 생장을 멈춘다. 쌍자엽식물(쌍떡잎식물, dicotyledonous plant)은 유관속을 구성하는 형성층이 줄기의 가장자리에 비례하여 원모양으로 배열하고 있기 때문에 줄기의 비대생장이 가능하게 된다.

기능과 역할

줄기는 식물체를 지탱하는 한편, 뿌리에서 흡수된 수분과 무기양분, 그리고 잎에서 만들어진 탄수화물을 줄기 선단부, 잎, 꽃, 뿌리 등으로 수송

하는 통로로써의 역할을 한다. 뿌리에서 흡수된 양분과 수분 그리고 잎에서 만들어진 당은 각각 목부와 사부를 통해 수송된다. 경우에 따라서는 구근류에서처럼 양분과 수분을 저장하는 기능과 역할도 한다.

뿌리

외부형태

뿌리(root)는 보통 지하부를 구성하며 줄기와 함께 고등식물의 축을 이루는 중요한 영양기관이다. 뿌리는 중력의 방향, 즉 아래로 생장하는 굴지성(geotropism)이 있다.

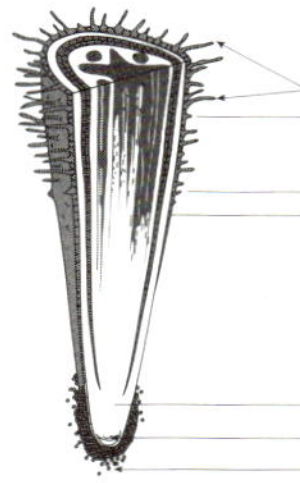

쌍자엽식물의 뿌리에는 원뿌리인 주근(main root)과 여기에서 발생하는 측근(곁뿌리, lateral root)이 있다. 여기에 비해 단자엽식물은 수염뿌리를 가지고 있다. 어느 경우이든 뿌리의 선단에는 근관(root cap)이 있다. 근관은 세포의 덩어리로서 골무 모양을 하고 있으며 뿌리 끝을 보호하기 위해 감싸고 있다. 그 바로 아래에는 뿌리의 길이 자람이 이루어지는 신장대가 있다. 그 아래에는 성숙대가 있으며 여기에는 표피세포가 변형된 근모(root hair)가 있다.

내부구조

뿌리의 내부구조는 줄기와 마찬가지로 유조직의 피층을 감싸고 있는 표피와 유관속으로 이루어지는 중심주를 가지고 있다. 근단에서는 세포분열이 왕성하게 일어나며 신장대를 리드하고 있다.

기능과 역할

뿌리는 땅 속으로 자라면서 식물체를 지탱하고 고정하며, 수분과 무기물을 흡수하고, 유관속을 통해서 줄기와 잎으로 수송하는 것이 주된 기능이지만 때로는 달리아 등에서 볼 수 있듯이 괴근을 형성하여 양분을 저장하기도 한다.

12 화훼의 모양은 변태와 기형 등 다양하다

지구상에 존재하는 식물은 30만종 이상이 있다. 물 속에서 살아가는 연꽃이 있는가 하면 사막에서 생명을 영위하는 선인장도 있어 식물의 모양과 생활 양식은 매우 다양하다. 또 그 수명은 일 년이 채 안 되는 초본류에서부터 수천 년이나 되는 나무 종류도 있다. 식물은 오랫동안의 진화 과정을 거치면서 각 기관의 모양이나 기능이 달라진 것이 많다. 특히 화훼류에서 그 예가 많으며 관상가치와 관련해서는 그 의미가 매우 크다. 이러한 모양의 변화에는 네 가지 대표적인 예가 있다.

첫째, 식충식물의 벌레잡이잎과 같이 잎의 모양과 기능이 변하고 그 성질이 종으로 고정되어 있는 것을 변태(metamorphosis)라고 한다. 변태에는 잎만이 아니라 꽃, 줄기, 뿌리가 변한 것도 있다. 둘째, 장미의 꽃목굽음(bent neck)과 같이 식물체 전체 또는 일부가 일시적으로 이상한 모양을 나타내는 식물의 생리장해 현상으로 기형(malformation)이라고 한다. 셋째, 꽃잎과 잎은 발생 기원이 같지만 모양과 기능이 달라진 경우로 상동(homology)이라고 한다. 마지막으로, 선인장과 명자나무의 침은 각각 잎과 줄기가 변한 것으로 모양과 기능이 같아도 발생 기원이 다르면 상이(analogy)라고 한다.

꽃

꽃은 일반적으로 꽃받침, 꽃잎, 암술, 수술로 이루어져 있는 완전화이다. 관상의 대상은 주로 꽃잎이지만 이 가운데 어느 것 하나를 가지고 있지 않는 불완전화도 있고 꽃받침, 포엽 등이 꽃잎보다 크거나 겹꽃 등과 같은 변태의 꽃도 많다. 이러한 꽃은 기형화(malformed flower)라고 할 수 있다. 그러나 기형화는 그 모습이 아름다워 관상의 대상이 되기도 한다.

예를 들면, 난초, 나리, 붓꽃, 수선화, 튤립, 글라디올러스, 선인장 등 대부분의 단자엽식물은 꽃받침이 꽃잎으로 변하여 원래의 꽃잎과 구분하기 어려울 정도로 아름다워졌다. 클레마티스나 수국 등에서는 꽃잎이 작아지는 한편 꽃받침이 꽃잎화하고, 안스리움, 칼라, 부겐빌레아, 포인세티아 등에서는 꽃잎이 작아지고 포엽이 꽃잎화하며, 아나나스류, 극락조화 등에서는 꽃잎이 정상이지만 포엽이 착색되며, 프로테아, 방크시아, 그레빌레아, 테로페아 등에서는 꽃잎이 없어지고 총포편이 크게 발달하거나 화주가 돌출하여 착색되는 경우도 있다.

원예산업이 발전해감에 따라 인간은 보다 아름다운 꽃을 만들기 위해 종속 간의 교배 등으로 새로운 식물이나 품종의 생산에 심혈을 기울이고 있다.

장미 등에서는 수술이 꽃잎화하여 반겹꽃(semi-double flower)이 되며, 카네이션에서처럼 수술과 암술 모두가 꽃잎화하면 겹꽃이 되어 생식 능력을 완전히 잃게 된다. 인간은 자신의 눈을 즐기기 위해 자연의 섭리를 깨어 가면서까지 개량을 서두르고 있는 것이다. 이로 인해 화훼류는 야생의 식물과는 비교가 되지 않을 정도로 꽃이 크고 아름답고 색채도 풍부해졌으나, 꽃 자신으로 보면 기형이나 생식 능력이 없는 불구의 꽃으로 전락한 셈이다.

따라서 겹꽃은 꽃의 사명인 결실이 이루어지지 않는 생물학적 기형이나 불구의 꽃이라고 할 수 있다.

겹꽃 발생의 원인으로는 철쭉, 제라늄, 매화, 왕벚나무, 동백나무에서와 같이 꽃잎의 수가 증가하거나, 카네이션, 양귀비, 장미에서와 같이 수술의 전부 또는 일부가 꽃잎화 하거나, 작약, 페튜니아, 꽃창포에서와 같이 암술과 수술의 전부가 꽃잎화 하거나, 나팔꽃, 팬지, 후크시아, 작약에서와 같이 꽃잎이 갈라지거나 주름이 형성되거나, 스톡, 데이지, 국화, 샤스타데이지, 금잔화, 거베라에서와 같이 소화인 관상화(tubular floret)가 설상화(ray floret)로 발달하는 경우 등이 있다.

잎

잎은 엽신, 엽병, 탁엽으로 이루어져 있지만 잎이 변태하여 전혀 다른 모습을 띠고 있는 경우도 많다. 이것은 잎이 진화 과정에서 형태와 기능이 다양하게 변화했다는 의미일 뿐만 아니라, 관상가치 측면에서도 매우 중요한 의미를 갖는다.

그 예로는 엽신의 선단부가 자루 모양으로 변형되어 벌레잡기에 용이한 네펜테스의 포충엽(낭상엽, insectivorous leaf), 잎이 침과 같이 예리한 돌기로 변형된 선인장과 아까시나무의 엽침(pulvinus), 잎이 수분과 양분의 저장기관으로 변한 돌나물의 다육엽(fleshy leaf), 포엽이 크고 꽃잎 모양으로 변한 안스리움의 불염포, 복엽을 구성하고 있는 소엽이 덩굴손(tendril)으로 변형된 스위트피, 잎자루가 덩굴손으로 변형된 클레마티스, 탁엽이 덩굴손으로 변형된 청미래덩굴, 나리류에서 흔히 볼 수 있는 인편엽(scaly leaf), 그리고 나리, 수선, 튤립 등의 인경류에서 양분의 저장 기능을 갖는 인편 등이 있다.

줄기

줄기는 대개 직립성으로 위를 향해 자라지만 잔디처럼 땅 위를 기는 포복경(stolon), 심비디움의 위구경, 나팔꽃의 휘감는 줄기(twining stem), 필로덴드론과 같이 기어오르는 덩굴성 줄기(climbing stem), 시계초의 덩굴손, 한기죽의 편경(flat stem), 명자나무와 같이 가시있는 가지(spinal shoot), 선인장의 다육경(fleshy stalk), 접란의 주경(runner) 등과 같이 변태된 줄기도 많다.

게다가 땅 밑에 있는 줄기인 지하경(subterranean stem)은 글라디올러스나 크로커스의 구경, 시클라멘의 괴경, 독일붓꽃의 근경 등과 같이 대부분 구근의 모습으로 변형되어 있다.

뿌리

뿌리는 대개 주근, 측근, 근모 등으르 이루어져 있으나, 달리아의 양분 저장기관인 괴근, 판다누스 우틸리스의 지지근(prop root, supporting), 난초과처럼 수분을 저장하는 흡수근(abscrbing root), 담쟁이덩굴처럼 물건을 잡고 기어오르는 부착근(adhesive root), 그리고 거미란처럼 광합성을 하는 동화근(assimilatory root) 등과 같이 기능이나 모양이 변한 뿌리도 많다.

제6부

화훼의 생식과 번식

13

꽃은 생식기관이다

꽃은 일반적으로 아름다운 모양, 색깔, 그리고 향기를 가지고 있다. 꽃이 매력적인 자태를 뽐내고 향을 발산하는 것은 사람의 눈과 코를 즐겁게 하기 위해서가 아니라 자손을 유지하기 위해, 즉 생식 목적으로 피어 있는 것이다. 그래서 꽃이란 개성을 살려 잘 꾸미고 있는 식물의 생식기라고 할 수 있다. 그러나 충매화는 곤충을 유도하기 위해 예쁜 꽃잎으로 치장하고 향기를 내고 달콤한 꿀까지 준비하지만, 바람에 의해 수정이 이루어지는 풍매화는 아름답게 꾸밀 필요가 없기 때문에 꽃이 화려하지 않다.

꽃의 아름다움을 알고 있는 사람은 과거부터 많이 있었지만, 꽃의 구조까지 이해하려고 하는 사람은 많지 않다. 꽃의 아름다움은 외형뿐만 아니라 그 섬세한 구조에도 있다. 꽃을 자세히 관찰해 보면 그 구조는 수정을 위해 치밀하고 교묘하게 짜여 있어 감탄을 자아낸다. 난초의 꽃 등은 그 구조를 알지 못하면 그 진기함을 이해할 수 없다. 보통 사람은 꽃의 모양이나 색깔에, 화가는 신비하고 복잡한 색채에, 꽃을 사랑하는 사람은 아름다운 모습과 그윽한 향에, 좀 더 깊게 꽃을 사랑하는 사람들은 꽃의 절묘한 구조에 매혹되는 것이다.

꽃

꽃(flower)은 줄기의 선단부인 경정 또는 줄기와 잎 사이의 엽액에서 만들어지며, 화탁 위에 꽃받침, 꽃잎, 수술, 암술이 모여서 일정하게 배열된 것이다. 꽃받침, 꽃잎, 수술, 암술을 포괄하여 지칭할 때는 화엽(floral leaf)이라고 하며, 이것들은 잎이 변형된 것이다. 화탁(꽃받기, receptacle)은 화엽이 위치하는 화병의 선단부를 말한다. 따라서 꽃은 짧은 줄기인 화병의 꼭대기에 해당되는 화탁 위에 화엽이 붙어 있는 식물의 생식기관인 것이다.

꽃은 보통 꽃받침, 꽃잎, 수술, 암술로 이루어져 있다. 나리, 튤립, 수선화, 동백나무, 벚나무 등 대부분의 식물은 이들 네 가지를 모두 구비하고 있어 완전화(갖춘꽃, perfect flower)라고 하며, 오이나 호박처럼 그 일부가 없는 경우에는 불완전화(안갖춘꽃, imperfect flower)라고 한다. 대부분의 꽃은 수술과 암술 모두를 가지고 있어 양성화(bisexual flower)라고 하며, 이들 중 하나가 없는 꽃은 단성화(unisexual flower)라고 한다. 수술만 있으면 수꽃(male flower), 암술만 있으면 암꽃(female flower)이라고 한다. 수꽃과 암꽃이 한 그루에 피는 식물은 자웅동주(암수한그루, monoecism), 버드나무, 소철, 식나무, 은행나무, 포플러와 같이 수꽃과 암꽃이 각기 딴 그루에 피는 식물은 자웅이주(암수딴그루, dioecism)라고 한다.

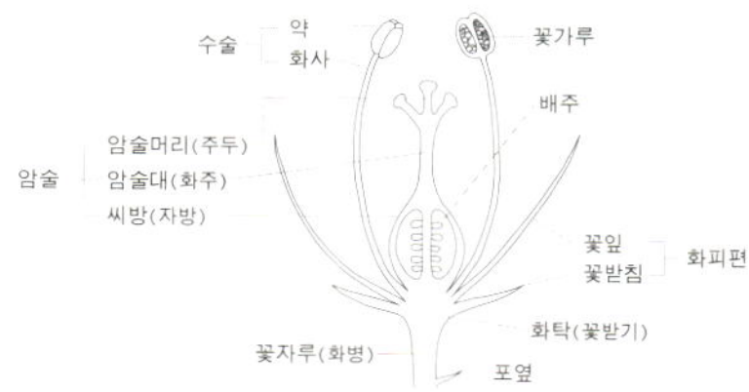

생물학적인 관점에서 꽃을 설명할 때는 꽃이 생식기관임을 전제로 화엽인 꽃받침, 꽃잎, 수술 암술을 대상으로 하지만, 대부분의 꽃은 포엽과 화병을 가지고 있으며, 관상가치가 큰 것도 많기 때문에 이들을 포함한 꽃의 구조와 기능에 대해 알아본다.

화병

화병(꽃자루, peduncle)은 꽃을 지텅하는 짧은 줄기로서 선단부에 꽃이 붙는다. 화병은 화경이라고도 한다. 하나의 화병에 여러 개의 꽃이 피는, 즉 화서의 경우에는 각각의 화병을 소화병(pedicel)이라고 한다.

포엽

포엽(포, bract)은 하나의 꽃이나 화서를 둘러싸고 있는 작은 잎으로 화아나 화서를 보호하는 역할을 하며, 광합성 능력은 거의 없다. 화병이나 소화병에 붙어 있는 작은 잎은 소포(bractlet)라고 한다. 안스리움, 스파티필룸 등의 천남성과 식물들과 포인세티아, 부겐빌레아, 헬리코니아의 포엽은 크고 잘 발달되어 있어 꽃잎같이 보이기도 하는데, 이와 같이 포엽이 매우 큰 경우에는 불염포(spathe)라고 한다. 국화과와 프로테아속 식물의 경우에는 두상화서의 기부인 화병에 다수의 비늘 모양의 포엽이 집합체를 이루어 꽃봉오리를 감싸고 있는데, 이와 같은 포엽은 총포(involucre)라고 한다. 이들 포엽의 각각은 총포편(총포인편, involucral scale)이라고 한다.

꽃받침

꽃받침(악, calyx)은 꽃받침조각(악편, sepal)이 모인 것으로, 꽃눈이 성숙하여 개화할 때까지 암수의 생식기를 단단하게 둘러싸서 보호하는 역할을 하며, 꽃잎의 아래쪽, 즉 꽃의 가장 바깥 부분에 위치한다. 국화, 장미 등의 꽃받침은 보통 녹색으로 두꺼워서 꽃잎과 쉽게 구별되는데, 이것은 쌍자엽식물의 특징이기도 하다. 꽃받침조각의 수는 꽃잎의 수와 같은 경우가 많으며 서로 분리되어 있거나 붙어 있다. 쌍자엽식물의 꽃받침조각과 꽃잎의 수는 대개 4~5매 또는 그 배수이다.

나리, 난초, 수선, 튤립과 같은 단자엽식물의 경우에는 꽃받침과 꽃잎의 모양이나 색깔이 같아 양자의 구별이 곤란하다. 이와 같이 꽃받침이 녹색을 띠지 않고 꽃잎과 모양이나 색깔이 같은 경우에는 꽃받침과 꽃잎을 구분하지 않고 화피(perianth)라고 한다. 화피의 각 조각은 화피편(perianth lobe)이라고 한다. 바깥쪽에 위치하는 것은 외화피(outer perianth), 안쪽에 위치하는 것은 내화피(inner perianth)라고 하며 이들은 발생학적으로 각각 꽃받침과 꽃잎에 해당된다. 화피의 수는 일반적으로 외화피 3매, 내화피 3매 또는 그 배수인 각각 6매씩이다.

화관

화관(corolla)은 꽃받침의 안쪽에 있으며 꽃잎(petal)이 모인 것으로, 통상 아름답게 보이는 부분이다. 꽃받침을 치마나 바지 등의 겉옷에 비유한다면 꽃잎은 화려하고 요염하게 또는 청초하게 디자인된 멋진 속옷이라 할 수 있다. 신랑이라 할 수 있는 수술과 신부에 해당되는 암술을 축복하면서 꽃 주변을 날아다니는 곤충을 유혹하기 위해 꽃의 결혼식 날, 즉 수분이 이루어지는 날에 꽃잎은 비밀의 베일을 연다. 꽃잎이나 화피가 곤충을 유혹하는 조건은 식물이나 곤충의 종류에 따라 다르지만, 꽃의 색깔이나 모양이 무엇보다 중요하다.

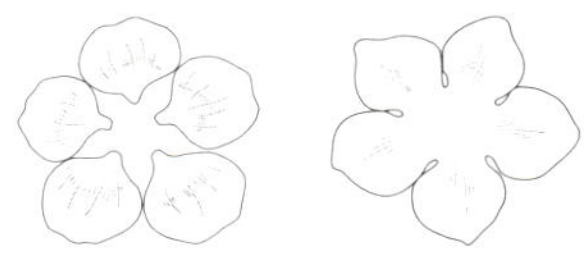

이판화 합판화

화관의 모양은 장미형, 십자형, 백합형, 종형, 통형, 화병형, 깔때기형 등 다양하다. 그리고 꽃잎이 각각 떨어져 있는 꽃은 이판화(갈래꽃, schizopetalous flower), 함께 붙어 있는 꽃은 합판화(통꽃, gamopetalous flower)라 한다. 이판화로는 일일초, 팬지, 금잔화, 코스모스, 채송화, 패랭이꽃, 과꽃, 거베라, 국화, 마가렛, 반다, 장미 등이 있으며, 합판화로는 분꽃, 나팔꽃, 시닝기아, 샐비어, 은방울꽃, 비비추, 용담, 초롱꽃, 옥잠화, 도라지, 프리지어, 무스카리, 개나리 등이 있다.

꽃잎이 한 겹으로 배열되어 있으면 홑꽃(single flower), 두 겹 이상으로 배열되어 있으면 겹꽃(double flower)이라고 한다.

수술

수술(stamen)은 웅성(male) 생식기로 꽃잎과 암술 사이에 있으며 보통 화탁에 붙는다. 그러나 페튜니아에서와 같이 수술이 꽃잎에 붙거나, 난초에서와 같이 암술과 수술이 하나로 합쳐져 있는 경우도 있다. 수술은 약과 화사로 이루어져 있다.

각각의 약(꽃밥, anther)은 꽃가루로 가득 채워져 있으며 보통 약격

(connective)으로 연결된 2개의 약실(anther locule)이 있다. 각 약실에는 옆으로 나누어진 2개의 화분낭(pollen sac)이 있기 때문에, 하나의 약에는 4개의 화분낭이 있다. 약은 때가 되면 화분(꽃가루, pollen)을 방출하게 되는데, 이것을 개약(dehiscence of anther)이라고 한다. 개약의 형태로는 열개형과 공극형이 있다. 전자는 나리 등 많은 식물에서 볼 수 있으며, 성숙한 약의 약실이 터지면서 꽃가루가 노출되는 형이다. 후자는 철쭉, 천남성, 그리고 일부 선인장이나 국화 등에서 볼 수 있으며, 약의 선단부에 있는 원형의 구멍으로부터 꽃가루가 방출되는 형이다.

하나의 꽃에 있는 수술의 수는 보통 꽃잎의 수와 같거나 또는 그 배수가 된다. 수술의 수는 칸나 1개, 붓꽃 3개, 박하 4개, 나팔꽃과 앵초 5개, 유채 6개, 애기괭이밥 10개, 매화와 차는 수십에서 수백 개로 식물의 종에 따라 매우 다양하다. 약 하나당 꽃가루의 수는 식물의 종류나 품종에 따라 같은 식물일지라도 일정하지 않으며, 40립에서 30만 립 정도이다. 약 하나당 꽃가루의 수가 같다 하더라도 식물의 종에 따라서는 수술의 수가 다르기 때문에, 꽃 하나당 생산되는 꽃가루의 양은 식물에 따라 크게 다르다.

꽃가루는 하나의 화분모세포(pollen mother cell)에서 4개가 만들어진다. 꽃가루는 보통 하나씩 떨어져 있으나 난초과 식물 등에서는 다수의 꽃가루가 하나의 덩어리로 된 화분괴(pollinium)를 형성하기도 한다. 성숙한 꽃가루는 생식핵(generative nucleus)과 영양핵(vegetative nucleus)을 가지고 있다. 생식핵은 꽃가루 속에서 또는 꽃가루에서 발아된 화분관(pollen tube) 속에서 2개의 정핵(웅핵, sperm nucleus)으로 나누어진다. 따라서 화분관의 선단부에는 2개의 생식핵과 1개의 영양핵이 있게 된다.

화사(수술대, filament)는 수술을 지탱하며 대부분 실 모양이지만, 프리뮬러에서처럼 매우 짧은 것에서부터 나리나 철쭉꽃과 같이 긴 것까지 그 길이는 매우 다양하다. 또 화사는 하나하나 떨어져 있는 이생과 합쳐져 있는 합생이 있다.

암술

암술(pistil)은 자성(female) 생식기로 꽃의 중심부에 있으며 주두, 화주,

자방으로 구성되어 있다. 피자식물의 암술의 수는 하나에서 수십 개이다.

주두(암술머리, stigma)는 꽃가루가 부착하는 장소이며 여기에서는 꽃가루의 발아를 돕는 물질이 분비된다. 주두는 또 암술이 원하는 꽃가루가 잘 붙도록 요철이 있거나 점액을 분비하는 등 그 체계가 잘 갖추어져 있으며, 그 모양은 식물의 종류에 따라 다양하다. 주두의 수는 주로 한 개다.

화주(암술대, style)는 화분관이 자라서 자방에 도달할 때까지 주두와 자방을 연결하는 통도 조직이다. 화주의 길이가 수술의 화사보다 길면 장주화, 짧으면 단주화라고 한다.

자방(씨방, ovary)은 암술의 기부에 있으며, 다른 화엽과의 위치관계에 따라, 즉 자방이 화엽보다 위에 있으면 상위자방(superior ovary), 자방이 화엽보다 아래에 있으면 하위자방(inferior ovary), 자방 주위에 화엽이 위치하면 중위자방(semi-superior ovary)이라고 한다.

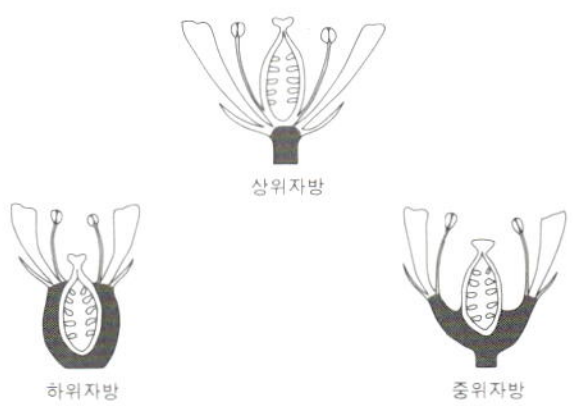

자방 속에는 잎에 해당되는 심피(carpel)의 합착과 관련하여 빈 공간인 자실(locule)이 하나 이상 있으며, 하나의 자실에는 장차 종자로 발달하게 되는 배주가 하나에서 수백 개 있다. 나팔나리의 자방은 세 개의 심피로 구성되고 세 개의 자실이 있으며, 각 자실에는 수많은 배주가 계단식으로 층을 이루고 있다. 자실의 수를 보면 몇 개의 심피가 합착되어 있는 합생심피인지를 쉽게 알 수 있다. 자방벽(ovary wall)은 심피의 밑부분에 해당되며 감과 복숭아의 먹는 부위는 자방벽이다.

피자식물의 배주(ovule)는 장차 종피가 될 주피 한두 개를 가지고 있으며, 배주가 붙는 장소는 태좌(placenta)라고 한다. 배주 속에서는 주심(nucellus)이 형성되고 주심에서 배낭고세포(embryo sac mother cell)가 분화하여 배낭을 만든다. 그러므로 각 배주에는 주심으로 둘러싸인 하나의 배낭이 있다.

배낭(embryo sac)에는 보통 주공(micropyle) 쪽에 조세포(synergid) 2개와 난핵(egg nucleus) 1개, 그 안쪽으로 극핵(polar nucleus) 2개, 가장 안쪽에는 반족세포(antipodal cell) 3개가 있다.

밀선

밀선(nectary)은 곤충을 유인하고 곤충에게 꿀과 향기를 제공하며, 대부분 자방의 기부 또는 자방과 수술 사이에 있다. 꿀의 주성분은 설탕, 포도당, 과당 등이다. 꽃에서 발산되는 향 역시 곤충을 유인하는 큰 요소이며 밀선에서뿐만 아니라 꽃의 각 기관에서도 분비된다.

인간은 자외선을 볼 수 없지만 곤충은 자외선을 볼 수 있다. 자외선은 하나의 꽃에서도 주변부보다 중심부에서 강하게 반사되는 경향이 있다. 이것은 꿀이 있는 꽃의 중심부가 자외선을 강하게 반사하여 곤충이 많이 모일 수 있도록 진화된 것이라 할 수 있다.

여기서는 하나의 꽃을 중심으로 설명했다. 그러나 꽃은 보통 하나의 줄기에 여러 개가 모여서 피는데 이것을 화서(inflorescence)라 하고 화서를 구성하는 각각의 작은 꽃은 소화(floret)라고 한다.

14 화훼의 생식은 정교하게 이루어진다

생식(reproduction)이란 생물 개체가 같은 종류의 새로운 생물 개체를 생산하는 것으로서 새로운 생명의 탄생을 의미한다. 식물의 생식은 성(sex)이 관여하는 유성생식과 성이 관여하지 않는 무성생식이 자연상태에서 동시에 이루어지고 있다. 이것은 식물의 생식양식이 사람을 비롯한 고등동물과는 크게 다르다는 것을 의미한다.

유성생식

식물의 생식은 식물체를 구성하고 있는 체세포(somatic cell)의 일부에서 생식세포인 암 · 수의 성세포(sex cell)가 만들어지고 이들의 결합인 수정에 의해 새로운 생명체라고 할 수 있는 종자가 만들어진다. 고등동물의 생식기는 암 · 수의 두 개체로 분리되어 있는 데 비해 식물에서는 두 개의 성을 동시에 갖는 암수 한몸이 대부분이다. 식물의 생식은 고등동물에서와 같이 양친을 필요로 한다. 이와 같이 양친의 성세포가 결합되어야만 후대인 종자가 만들어지는 경우를 유성생식(sexual reproduction)이라고 한다. 유성생식의 과정은 꽃에서 이루어지며 배우자 형성, 수분, 수정, 배 형성, 종자와 과실 형성의 5단계로 복잡한 과정을 거치지만 정교하게 이루어진다.

배우자 형성

배우자 형성(gametogenesis)은 생식의 첫 번째 과정이다. 꽃으로 자랄 꽃눈에서 웅성 배우체(gametophyte)인 꽃가루와 자성 배우체인 배낭이 만들어지고, 각 배우체 속에서 암 · 수의 배우자(gamete)인 정핵과 난핵이 만들어진다. 이 과정 동안, 염색체의 수가 반으로 줄어드는 감수분열이 일어난다.

구체적으로는 2배체인 화분모세포와 배낭모세포는 감수분열에 의해 두 개의 낭핵(daughter nuclei)으로 갈라지며, 이어서 각 낭핵의 염색체는 염색분체로 갈라져 4개의 핵을 만들고 4개의 낭세포(딸세포, daughter cell)를 형성한다. 결과적으로 화분모세포로부터는 4개의 정핵이 만들어지며, 배낭모세포로부터도 4개의 난핵이 만들어지지만 1개만 기능을 하게 된다. 결과적으로 이들 낭세포의 염색체 수는 수정을 위해 모세포(mother cell)의 $2n$에 비해 반으로 줄어든 n이 된다.

수분

수분(pollination)은 꽃가루가 피자식물 암술의 주두나 나자식물 배주의 주공 주변에 부착하는 현상으로, 이것은 고등식물의 생식과정 가운데 정점이라고 할 수 있다. 식물은 종류별로 꽃의 구조나 개화 방법이 크게 다른데, 이것은 식물이 어떤 화분매개자(pollinator)를 필요로 하고 어떠한 수분을 하고 싶어 하는가 하는 성행위에 대한 간절한 생각이 여실히 표현되어 있기 때문이다.

수분의 과정을 요약하면, 식물체가 꽃을 피우면 암술과 수술이 노출되며, 수분을 위해서는 수술의 꽃가루가 암술의 주두로 이동해야 하는데 이를 위해서는 바람, 새, 곤충 등의 매개체가 필요하다. 꽃은 곤충을 유인하기 위해 달콤한 꿀을 분비하는데, 이때 꿀을 찾는 곤충은 꽃가루를 덮어쓴 채로 이 꽃에서 저 꽃으로 꽃가루를 옮기게 된다. 결과적으로 여러 종류의 꽃가루가 수차례에 걸쳐 반복적으로 수분되게 된다. 즉, 난혼(promiscuous sexual relations)이 이루어진다.

벌의 종류는 주로 빨강 색맹인 반면, 자외선의 식별이 가능하다. 따라서 사람과 곤충은 같은 꽃을 보더라도 인식하는 색깔이 서로 다른 경우가 많다. 곤충이 식별할 수 있는 색은 황, 녹, 청, 자외선이며 같은 색깔이라 하더라도 어두운 색을 좋아한다. 곤충들은 또 꽃의 모양을 식별할 수 있어서 단순한 둥근 모양보다도 별 모양을 좋아하고 둥근 꽃의 경우라도 1개의 큰 것보다는 다수의 작은 꽃을 좋아한다. 이와 같이 곤충들은 복잡한 형태의 꽃을 좋아하므로, 중매가 필요한 충매화(entomophilous flower)는 나름대로의 취향을 살려 적당한 모양을 갖추고 곤충들을 유혹하고 있는 것이다.

화분매개 곤충이 꽃으로 날아오는 과정을 보면, 먼저 특정 꽃의 향에 유혹되어 꽃 가까이 오게 되고 가까이 와서는 색깔이나 모양으로 표적을 정한 다음 목표로 한 꽃의 꿀이나 열개한 약의 꽃가루를 찾아 꽃 속으로 날아든다. 각 식물은 각자가 좋아하는 수분의 형태인 자가수분(self pollination) 또는 타가수분(cross pollination)으로 성행위가 이루어지며, 두드러지는 표식이나 장식을 하여 매개곤충을 유혹하고 우수한 자손을 남긴다.

꿀벌은 일정시간 동안 같은 종류의 꽃을 찾는 데 비해, 나비나 파리류는 금방 다른 종류의 꽃으로 날아가는 성질이 있다. 후자의 경우에는 여러 종류의 화분이 혼합된 채로 수분되므로 균일성이 높은 종자의 채종이 어렵지만, 교잡이 불가능한 종 사이에서 잡종(hybrid)이 만들어지기도 하고, 같은 꽃의 암 · 수 배우자간에는 수정이 일어나지 않는 자가불화합성(self-incompatibility) 식물에서 자식계통(동계, inbred line)의 종자가 생산되기도 한다.

식물은 종류에 따라 사랑의 약속인 수분과 수정의 양식이 크게 다르다. 국화, 카네이션, 난, 장미는 한 지붕 밑에 살고 있으면서 다른 꽃에 있는 상대와의 사랑만을 꿈꾸고 있다. 이들은 타가수분을 하므로 근친교배(inbreeding)를 막고 유전적으로 잡다한 자손을 만들어낸다. 이와 같이 다른 개체에서 만들어진 암 · 수 배우자간에 수정이 이루어지는 타가수정(cross fertilization) 식물은 자유연애를 통해 환경 적응력이 약한 개체 가운데서 소수의 강한 자손을 얻는 정도의 적응 단계에 있다고 할 수 있다.

한편 몸도 마음도 일편단심으로 제 꽃의 배우자만 열렬히 사랑하는 낚시제비꽃은 꽃잎인 속옷과 꽃받침인 치마를 사이좋게 뒤집어쓰고 밖으로 모습을 나타내지 않은 채 부부의 인연을 맺는다. 같은 개체에서 만들어진 암 · 수배우자 간에 수정이 이루어지는 자가수정(self-fertilization) 식물은 매우 정숙한 커플로서, 스스로 환경 적응력이 강하다고 생각하기 때문에 다른 피의 수혈을 싫어하고 일족의 혈통을 엄격히 지키려고 하는 집단이다.

따라서 자가수분 식물은 타가수분 식물보다 진화한 종이라고 할 수 있다. 배추나 양배추는 타가수분해야만 종자를 맺지만, 이들의 교배에 의해 육성된 품종은 자가수분으로도 종자를 맺기 때문이다. 그러나 식물은 종, 품종, 개체에 따라서 타식성 또는 자식성의 정도가 다르고 자연 상태에서는 자가 및 타가수분이 여러 가지 비율로 혼합되기 쉬우므로, 자식 및 타식 종자가 혼합되어 결실하기도 한다. 이렇게 되면 최초의 집단과는 특성이 다른 집단으로 변화하게 된다.

수정

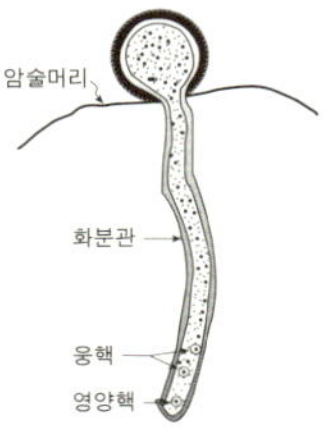

수정(fertilization)은 꽃가루가 주두 위에서 발아하고 화분관을 화주 속으로 신장시켜 배낭에 도달한 후 암수의 배우자가 결합하는 과정이다. 주두는 수분된 화분을 받아들일 것인가의 여부를 신속히 판단하고 특정 화분만 발아시켜 화분관을 암술 내부로 안내하여 수정과 결실이 되도록 유도한다. 화주 속에는 화분관의 신장이 용이하도록 세포가 느슨하게 늘어선 통도조직이 있다.

수정의 과정을 요약하면, 꽃가루가 주두에 수분되면, 꽃가루와 주두와의 사이에서 발아 합의 사인을 교환하고, 합의가 되면 꽃가루는 화분관을 발아시켜 주두 속으로 들어간다. 화분관이 주두 속으로 신장해 가더라도 화주 속으로의 통행 허가증이 나오지 않아 더 이상 신장하지 않는 경우도 있다. 또 화분관이 화주 속으로 들어가 배낭의 현관이라고 할 수 있는 주공에 도달했다 하더라도, 주공의 문지기에 해당하는 조세포의 입실 허가가 없으면 화분관 속의 정핵은 배낭 속의 난핵과 결합할 수 없다. 반갑게도 입실 허가가 나오면 배낭 속에 있는 하나의 조세포가 스스로 목숨을 끊고 길을 내어 화분관을 통과시켜 준다.

이상과 같은 몇 개의 관문은 모든 식물의 꽃 하나에서 일어나는 공통점이다. 이와 같이 결혼 상대를 엄격하게 선택하고 있는 모습은 가장 바람직한 자손의 탄생을 위해 식물의 종류별로 성행위가 절묘하게 진화해 있다고 할 수 있다. 바꾸어 말하면, 어떻게 해서 최고의 성행위를 이룰 수 있고 우수한 자손을 남길 수 있는가 하는 생식 본질과 깊은 관계가 있는 것이다.

꽃가루 또는 화분관 속에서는 두 개의 핵이 형성되며 두 개의 핵 가운데 하나는 영양핵으로 일정시간이 지나면 화분관 속에서 분해되며, 또 다른 생식핵은 분열하며 두 개의 정핵을 만든다. 한편, 각각의 배주 속에 있는 하나의 세포는 배낭을 형성하기 위해 확장되며, 배낭 속에 있는 하나의 핵은 8개의 핵을 만들기 위해 수차례 분열한다. 이들 8개의 핵 가운데 하나는 난핵이고, 두 개는 극핵이며, 나머지 다섯 개는 반족세포와 조세포의 핵으로 수정에 직접적인 역할을 하지 않는다.

화분관이 배낭 속으로 들어가게 되면 화분관 속에 있는 두 개의 정핵가운데 하나는 난핵과 결합하여 접합체(zygote)를 거쳐 식물체로 자랄 배(embryo)를 생산하고, 또 하나의 정핵은 2개의 극핵과 결합하여 배에 양분을 공급하는 배유(endosperm)를 생산한다. 식물은 이와 같이 두 번의 수정이 이루어지므로 중복수정(double fertilization)이라고 한다. 수정의 결과, 암수 양친으로부터 반씩의 염색체를 받은 새로운 개체, 즉 후대(progeny)가 탄생되며 후대의 염색체수는 원래의 $2n$으로 회복된다.

소나무와 같은 나자식물(gymnosperm)은 피자식물(angiosperm)과 달리 중복수정이 일어나지 않는다.

배 형성

배 형성(embryogenesis)은 정핵과 난핵이 결합된 접합체가 원형, 심장형, 어뢰형, 지팡이형, 역U자형 등의 배발달 과정을 거쳐 배가 완성되는 과정이다. 이는 곧 종자가 완성되는 과정이라고도 할 수 있다.

종자와 과실의 형성

수정의 결과, 자방은 과실(fruit)로 배주는 종자로 발달하게 된다. 종자가 발달함에 따라 배는 뚜렷한 하나의 기관으로 분화하기 시작한다. 형성된 종자는 배유형과 비배유형인 자엽형으로 나누어진다. 자엽과 배유는 양분을 저장하는 기관이다. 종자가 형성되면 통상 발아에 적합한 조건이 주어질 때까지 휴면을 하게 되며, 휴면이 타파된 종자가 적당한 환경을 만나면 발아하게 되고, 그 결과 하나의 개체가 탄생되는 것이다.

무성생식

식물의 생식에는 성이 관여하는 유성생식 이외에도 성이 관여하지 않는 무성생식(asexual reproduction)이라고 하는 독특한 양식이 있다. 무성생식의 특징은 단 하나의 어버이만을 필요로 하고, 모체가 가지고 있는 모든 유전자는 후대에 전달되며, 무성생식에 의해 탄생된 개체는 유전자형이나 표현형이 모체와 똑같게 된다는 점이다.

무성생식이 이루어지기 위해서는 유사분열이 필수적이며, 모체가 가지고 있는 모든 유전자는 유사분열에 의해 후대에 전달된다. 유사분열은 주로 줄기와 뿌리의 선단부, 형성층, 단자엽식물의 마디 아래쪽 부위인 게재영역, 그리고 상처에 반응하여 절단면에서 발생되는 일정한 형태가 없는 부정형의 세포 덩어리인 캘러스 등에서 일어난다. 무성생식의 형태에는 단편, 재생, 단위생식 등이 있다.

단편

단편(fragmentation)은 분리나 분단법이 대표적인 예로써, 모체(parent's body)가 분리되어 여러 개의 조각으로 나뉘게 되고, 이들 각각의 조각은 완전하고도 성숙한 개체로 발달하는 것이다.

재생

재생(regeneration)은 삽목과 같이 잃어버린 부분을 다시 생장시키거나 상처받은 부분으로부터 완전한 생물체를 생산하는 것이다.

단위생식

단위생식(parthenogenesis)은 일반적으로 처녀생식이라고도 한다. 배우자 간의 수정에 의하지 않고 생식기관이나 그 부속조직으로부터 수정에 의해 탄생되는 접합배와 유사한 배가 만들어지고, 이 체세포배의 발달에 의해 새로운 개체가 탄생되는 것을 말한다. 단위생식의 구체적인 예로는 난세포가 배로 발달하는 처녀생식, 배낭에 있는 조세포나 반족세포가 배로 발달하는 무배생식, 수정은 되었지만 웅성배우자만이 배로 발달하는 동정생식, 배낭세포가 웅성배우자의 자극에 의해 수정된 것처럼 배가 발달하는 위수정생식, 주심이나 주피에서 배가 형성되는 부정배 등이 있다.

이러한 현상은 식물에서만 나타나고 있으며, 고등동물에서는 일어나지 않는다. 그렇다면 고등동물도 유사분열을 하는데 왜 식물에서만 무성생식이 일어나는가? 그것은 세포의 전체형성능(전형성능, totipotency)이라고 하는 특이한 성질이 식물에만 있기 때문이다. 전체형성능이란 식물의 체세포가 살아 있는 한 단독상태에서도 적당한 조건이 주어지면 생명체의 최소단위로서 기능을 하고, 분열과 증식을 계속하여 완전한 식물체에 이르는 발육능력을 잠재적으로 가지고 있다는 것을 말한다.

15 화훼는 종자에 의해 번식된다

식물의 일생은 암수 성세포의 결합, 즉 유성생식에 의해 탄생된 종자로부터 시작되는 것이 자연상태에서 일어나는 일반적인 현상이다. 이러한 식물의 생식원리를 이용하여 인위적으로 식물의 수적 증가, 즉 증식을 도모할 수 있는데 이럴 경우 번식(propagation)이라고 한다. 번식이란 영리를 목적으로 한 식물체의 수적 증가, 증식을 의미하는 실용적 측면에서의 용어라고 할 수 있다. 유성생식의 특성을 영리목적으로 번식 수단화하여 수적 증가를 도모할 경우에는 유성번식(sexual propagation) 또는 종자번식(seed propagation)이라고 한다.

종자번식에 의해 탄생된 후대, 즉 실생묘의 유전자형(genotype)은 모주(mother plant)와 비슷하거나 다르기 때문에 표현형(phenotype) 또한 사람에서와 같이 양친의 어느 한쪽 또는 양쪽 모두와 닮기도 하고 전혀 닮지 않기도 한다. 이러한 현상을 유전학에서는 변이성(variability)이 확대되고 있다고 한다.

대부분의 화훼류는 자가불화합성으로 잡종성이 강하고 변이성이 커서 종자번식을 화훼류에 적용하는 것은 매우 제한적이다. 종자번식은 주로 1,2년초, 도라지 등의 숙근류, 시클라멘, 신나팔나리, 아네모네, 라넌큘러스 등의 구근류, 그리고 배롱나무 등의 화목류의 증식에 주로 적용되고 있다. 특수한 경우이긴 하지만 품종을 개량할 때나 대목을 양성할 때에도 이용되고 있다.

종자

종자(seed)란 식물학적으로 수정의 결과물인 배를 가지고 있는 성숙된 배주를 말한다. 수분과 수정이 일어나면 보통 활력 있는 종자가 생산되지만, 어떤 경우에는 배가 없는 빈 종자나 작고 쪼그라든 배가 만들어지기도 한다. 이와 같은 무종자(seedlessness)는 수분이나 수정 없이 과실이 발달하는 단위생식, 배가 발달 도중에 고사하는 배의 유산(abortion), 배유와 배의 발육이 억제되는 체질불임(somatcplastic sterility) 등에 의해 발생한다. 그러나 파인애플, 바나나, 무핵 포도 등의 과수류와 씨 없는 수박과 같은 채소류는 무종자 그 자체에 의해 원예적 가치를 높이기도 한다.

발달 과정

종자의 발달 과정은 종에 관계없이 거의 비슷하게 진행되며, 형태적으로 다른 3단계로 구분할 수 있다.

첫째, 종자의 생장단계이다. 배주벽인 주피(integument) 속에 둘러싸여 있는 주심은 하나의 물덩이로 보인다. 배유는 발달 정도가 미미하지만 작은 배를 둘러싸고 있다. 접합체는 세포 덩어리인 전배(proembryo)로 발달한다. 전배는 배병(suspensor)이라고 하는 특수한 구조물에 부착되어 있다. 전배는 둥근모양이지만 1단계 말기에는 세포의 분열과 확장에 의해 짧은 배축(embryonic axis)과 자엽(떡잎, cotyledon)으로 자랄 특징있는 구조로 발달한다.

둘째, 배유와 배가 형태적으로 완성되는 단계이다. 주심과 배병은 배유와 배를 위한 간호 및 통도조직으로서의 기능을 하며 궁극적으로는 소화되어 없어지는 것이 일반적이다. 종에 다라서는 배의 생장이 특정 단계에서 중지되어 종자 크기의 30~50% 정도밖에 되지 않고 배유 또는 주심으로 채워지는 그룹, 배가 왕성하게 생장하여 주심과 배유를 소화하고 자엽이 종자 크기의 전부를 차지할 정도로 커지는 그룹 등 두 가지 형의 종자가 탄생한다. 전자는 배유형(endospermic type), 후자는 비배유형(non-endosperm type) 또는 자엽형(cotyledonary type) 종자라고 한다.

셋째, 종자의 건물중(dry weight)이 증가하고 특이한 저장물질이 축적되며 수분의 변화가 일어나는 생리적 성숙단계이다. 배가 형태적으로 충분히 성숙한 시점이나 직후에는 수분 함량이 감소하고 건조 저항성이 생긴다. 건물중은 단백질의 합성에 의해 증가하게 되며, 생장억제 호르몬인 아브시스산은 조기 발아를 방지하고 배의 성숙을 유도한다.

성숙과 후숙

종자가 성숙하게 되면 일반적으로 수일에서 수개월, 특수한 경우에는 수년 동안의 휴면기를 갖는다. 이 휴면기 동안에 종자의 발아 준비가 완성되는 후숙(after-ripening)이 일어난다. 후숙은 미숙배가 완숙되고 종자가 발아능력을 갖추는 과정이라 할 수 있다. 종자를 포함하는 과실의 성숙과 후숙 동안에는 물리, 화학적 변화가 일어나며, 그 결과 과실이 노화하고 종자는 땅으로 떨어지게 된다. 가장 분명한 변화 가운데 하나는 자방벽이 자란 과피(fruit skin, pericarp)의 건조인데, 이로 인해 과실이 열개되고 종자가 방출된다. 양분 축적에 의한 배의 건물중 증가는 대개 과실 생장의 후반기에 이루어진다. 또한 과실과 종피의 색깔이 변화하고 과실이 유연하게 되는 연화도 일어난다.

탈수

대부분의 종자는 후숙기 또는 산포 전에 탈수하므로 종자의 수분 함량은 식물체에 비해 30% 이하로 떨어진다. 종자는 수확하는 동안 더욱 건조해지며, 건조 상태에서는 발아가 이루어지지 않으므로 적당한 건조는 생명을 유지하고 발아를 조절하는 중요한 요인이 된다. 어떤 종의 종자는 수분 함량이 30~50% 이하로 낮아지게 되면 발아 능력을 잃어버린다. 이러한 예로는 단풍나무류의 일부, 포플러, 느릅나무 열매가 일찍 후숙하여 여름에 떨어지게 되면 금방 발아하는 경우, 가을에 성숙하여 겨울을 지나면서 토양 수분이 많아야 발아 능력이 유지되는 떡갈나무, 그리고 따뜻하고 습한 열대성 식물인 밀감나무 등이 있다. 이들은 발아가 어렵기 때문에 난발아종자(recalcitrant seeds)라고 하며 특별히 취급하여야 한다.

저장 양분의 축적

탄수화물, 지방, 단백질 등의 양분과 생화학물질의 축적은 종자의 발육과 발아 중인 실생묘의 생존에 필요한 에너지 물질로서 뿐만 아니라 인간과 동물의 먹이로서도 절대 필요하다. 저장양분은 당, 아미노산, 무기물 등이 전류와 확산에 의해 종자 속에 축적된다. 종피는 주병(funiculus)과 유관속으로 연결되어 있어 전류에 의해 양분이 이동한다. 그러나 주심, 배유 및 배축에는 유관속 연결이 없으므로 확산에 의해 양분이 축적된다. 이로 인해 대부분의 바이러스 및 고분자 물질은 배나 저장기관에 축적되지 않지만 종피에는 축적될 가능성이 있다.

저장물질의 합성과 축적은 방해 없이 진행되어야 한다. 무거운 종자일수록 발아가 순조롭고 생장이 왕성한 실생묘를 생산한다. 만약 이 과정에 방해를 받게 되면 가벼운 종자가 생산된다. 이러한 종자는 저장물질이 적어지고 발아가 불량해지며 실생묘 역시 연약하게 된다. 가벼운 종자는 영양부족, 수분 스트레스, 병충해, 과도한 고온과 저온을 포함한 불리한 생장환경 하에서 발생한다. 이러한 환경에서는 양분의 축적이 중단되어 종자의 조숙(조숙성, earliness)이 일어나기도 한다.

산포

종자는 많은 요인에 의해 산포가 이루어지고 있다. 종자는 물고기, 새, 쥐, 토끼, 박쥐 등의 동물의 먹이로서 그들의 소화관 속에서 운반되거나, 바늘이나 가시가 있는 종자는 흔히 동물의 털에 붙어서 멀리까지 이동하거나, 명아주 종자와 같이 바람에 의해 흩어지거나, 계곡이나 관수로와 같이 물의 흐름에 의해 이동하거나, 마치 양치류의 포자낭으로부터 포자가 흩어지는 것과 같이 그 자신이 단거리 산포의 메커니즘을 가지고 종의 확대를 도모하기도 한다. 무엇보다도 전 세계에 걸쳐 고의적으로 종자를 수송하는 인간 활동은 종자 산포에 가장 효과적인 수단이므로, 식물은 종의 번성을 위해 인간의 활동이 더욱 활발해지기를 바라고 있는지도 모른다.

종자의 구조

완성된 피자식물의 종자는 종에 따라 외관, 크기, 모양 및 저장 조직과 관련하여 배의 위치와 구조가 매우 다양하다. 이러한 점은 식물의 동정(identification)에 유용할 뿐만 아니라 발아에도 영향을 미친다. 종자는 배, 양분저장조직 및 종피로 이루어져 있다.

배

배는 하나의 새로운 작은 식물체라고 할 수 있으며, 완성된 배는 극성(polarity)이 있는 배축과 자엽으로 이루어져 있다. 배축의 두 말단부에는 줄기로 자랄 경정(shoot apex)과 뿌리 생장에 필요한 근단(뿌리끝, root apex)이 있다. 배축에는 하나 이상의 자엽이 부착되어 있다. 코코야자, 목초류 등의 단자엽식물은 하나를, 국화, 장미 등의 쌍자엽식물은 두 개를, 그리고 소나무, 은행 등의 나자식물은 15개 정도의 자엽을 가지고 있다.

저장조직

양분의 저장조직(storage tissue)은 종에 따라 다르다. 피자식물의 비배유형 종자는 배수체인 $2n$의 자엽이 저장조직인 데 비해, 배유형 종자의 저장조직은 일반적으로 3배체인 $3n$의 배유이지만 가끔 $2n$의 외배유(perisperm)에 양분이 저장되는 경우도 있다. 이에 비해 나자식물은 염색체의 수가 반인 n의 배우체 조직에 양분이 저장된다.

종피

종자의 피복물은 종자 주위를 둘러싸고 있는 피막의 총칭으로 종피, 주심과 배유의 잔여물 및 가끔 과실의 일부로 구성되어 있다. 종피는 배를 물리적으로 보호하고 피해 없이 종자를 취급 가능하게 하므로 장거리 수송 및 장기간 저장을 가능하게 한다. 종피는 또한 발아를 조절하기도 한다.

종피(seed coat)는 통상 한두 개, 드물게는 세 개이며, 배주의 주피로부터 유도된다. 주피는 후숙기 동안, 즉 자발휴면기 동안 경화, 섬유질화 또는 점액질화하는 등 성숙기가 되면 그들의 외관상 특성이 나타난다. 외주피가 발달한 외종피(outer seed coat)는 건조하며 단단하고 두꺼우며 갈색을 띤다. 특수한 경우에는 종피가 딱딱해서 공기나 물이 투과하지 못하게도 된다. 한편, 내종피(inner seed coat)는 주심이 발달한 것으로 투명하며 생리활성이 있는 반투과성(semipermeability)의 얇은 막이다. 반투과성 막은 공기와 억제물질의 이동을 제한하고 초기 휴면의 유지를 도모한다. 배유와 주심의 잔여물은 내종피에서 발견되기도 하며 때로는 배 주위의 분명한 연속적인 층을 만들기도 한다.

종자의 수명

종자의 생존기간, 즉 수명은 화훼의 종류나 저장 중의 온도나 습도 등 환경조건에 따라 다르다. 일반적으로 종자의 수명은 1~5℃ 전후의 저온과 상대습도 30~60%인 저습도 하에서 종자의 함수량이 5~8%일 때 길어지며, 고온과 고습도 하에서는 숨을 많이 쉬게 되고, 즉 호흡이 빨라지게 되므로 체내에 축적되어 있는 탄수화물의 소비가 많아져 결국 수명이 짧아지게 된다. 종자의 수명은 칼세올라리아, 알릿섬, 크로커스, 물망초, 구근베고니아 등은 1년, 코스모스, 카네이션, 페튜니아, 팬지, 채송화 등은 2년, 데이지, 금어초, 양귀비, 스톡, 시클라멘 등은 3년, 해바라기와 금잔화는 4년, 봉선화는 5년 정도이다.

종자의 발아

종자가 발아하기 위해서는 배가 살아 있어야 하고, 발아 능력이 있어야 하며, 적당한 환경을 만나야 하고, 휴면이 타파되어야 하는 등 종자를 둘러싼 내·외적 요인이 모두 충족되어야 한다. 종자의 발아(germination)란 배가 그 식물 특유의 유전적 방향에 따라 연속적인 생육을 시작하는 것으로 정의할 수 있다. 원예학적으로는 샬레에서 외관상 어린 뿌리 즉 유근(radicle)이 보일 때를 발아로 간주한다. 그 이유는 눈보다 뿌리가 먼저 자라는 것이 일반적이기 때문이다. 그러나 포장에서는 흙 속에 있는 뿌리가 보이지 않기 때문에 싹이 나왔을 때를 발아로 본다.

종자가 발아하게 되면 자엽의 위쪽에 있는 상배축(epicotyl)은 줄기와 잎이 있는 지상부(above-ground part)로 발달하게 되고, 자엽의 아래쪽에 있는 하배축(hypocotyl)은 대부분이 뿌리인 지하부(underground part)로 자라게 되어 결과적으로는 실생묘(seedling)의 집단이 탄생하게 된다. 이것은 아기가 태어난 것과 같이 화훼의 일생인 생활환의 시작을 의미한다. 종자 발아에 관여하는 중요한 환경요인은 물, 온도, 산소, 광 등이다.

물

종자가 물을 흡수하면 저장양분이 가용화되고 배 세포의 생리적 변화가 일어나 발아하기 시작한다. 또 흡수에 의해 종피도 쉽게 찢어지게 된다. 이와 같이 종자의 발아에는 수분의 공급이 절대적으로 필요하므로 식물생리학에서는 흡수가 충분히 이루어졌을 때를 발아로 간주한다.

그러나 화훼 종자 가운데 종피가 딱딱한 경실은 아카시아, 스위트피 등의 콩과식물에서 많이 나타나지만, 이 외에도 나팔꽃, 아네모네, 알스트로메리아 등이 있다. 이와 같은 종자는 종피에 칼이나 모래를 이용하여 상처를 내거나 농황산으로 처리하여 종피를 부드럽게 한 후 흡수시키거나 흐르는 물에 담가 두는 유수처리를 하면 발아억제물질이 제거되어 발아가 촉진된다. 또 아네모네와 같이 종피에 털이 있어서 흡수가 곤란한 종이 있는가 하면 문주란과 같이 배유 속에 수분과 공기가 있어서 물의 공급이 필요하지 않은 종도 있다.

온도

온도는 대사활동에 직접적으로 관여하므로 발아에 큰 영향을 미치게 된다. 종자의 발아 적온은 대개 15~30℃ 사이이다. 그러나 맨드라미, 채송화, 콜레우스, 꽃도라지, 야자류 등의 열대나 아열대 원산의 종자는 델피니움, 금어초, 시네라리아, 시클라멘, 칼세올라리아 등의 온대 원산의 것보다 발아적온이 높다. 또 발아적온은 생장적온보다 3~5℃ 높은 편이며, 클레오메, 콜레우스, 페튜니아 등에서는 온도를 변화시키는 변온처리로 발아를 촉진할 수도 있다.

산소

흙이나 대기 중에 산소가 부족하면 숨을 쉬지 못해 식물이나 동물이 죽게 되는데 그 이유는 에너지가 만들어지지 않기 때문이다. 화분 속의 흙이 관수에 의해 다져지면 토양 속에서는 산소결핍 현상이 일어나고 호흡 곤란으로 결국에는 발아하지 않거나 식물이 죽게 된다.

종자가 발아할 때에는 왕성한 유기호흡을 하기 때문에 종자의 주변에는 다량의 산소가 필요하다. 상토가 적합하지 못하거나 복토나 관수를 지나치게 많이 하게 되면 산소 부족으로 발아율이 떨어지게 된다. 그러나 수생 식물은 오히려 산소가 적을 때 발아가 용이하다.

빛

대부분의 종자는 빛의 유무에 관계없이 발아하지만, 빛이 있으면 발아가 촉진되는 페튜니아, 봉선화, 칼랑크에, 꽃도라지, 패랭이꽃 등의 광발아종자(light germinating seed)가 있는가 하면, 반대로 빛이 있으면 발아가 억제되는 백일초, 맨드라미, 색티름, 시클라멘, 고데치아 등의 암발아종자(dark germinating seed)도 있다. 광발아종자의 크기는 작기 때문에 파종 후에는 저면관수(bottom watering)하고 복토(soil covering)를 해서는 안된다.

특이한 예로서 난초의 종자는 크기가 작은 미숙배를 가지고 있으며, 배유를 가지고 있지 않다. 따라서 인위적으로 양분을 공급해 주지 않으면 발아하지 않는다. 자연계에서는 난초의 뿌리에 기생하는 공생균으로부터 양분을 얻어 발아하지만 근래에는 무기염, 당, 한천으로 만들어진 인공배지에서 조직배양기술을 이용하여 인위적으로 발아시키는 무균발아(non-symbiotic germination)를 실용화하고 있다. 일종의 배배양이라고 할 수 있는 이 방법에 의해 난초의 대량생산이 가능하게 되었을 뿐 아니라 육종도 크게 발전했다. 난초의 종자는 자엽이나 유근을 분화하지 않고 작은 원형의 덩어리인 원괴체(protocorm)를 형성하고 여기에서 잎, 줄기, 뿌리를 분화하여 완전한 식물체로 자란다.

다육과의 종자는 부패하기 쉬운 연한 육질로 둘러싸여 있는데, 이 육질부는 자발적으로 발열하고 억제물질을 가지고 있기 때문에 이 부분을 제거해주면 발아가 용이해진다.

16

화훼는 성(sex)이 없어도 번식이 가능하다

화훼는 유성생식의 원리를 이용하는 종자번식과는 달리 무성생식의 원리를 이용하여 무성번식(asexual propagation)에 의해 식물체의 증식(multiplication)을 도모할 수 있다. 무성번식은 영양번식(vegetative propagation)이라고도 하며 암·수의 성세포에 관계없이 체세포로 구성된 영양체의 전부 또는 일부를 사용하여 수적 증가를 도모하는 번식법이다.

이 경우에는 부정근이나 부정아를 분화시키거나 부정배를 유도하는 것이 필수적이다. 부정근(adventitious root), 부정아(adventitious bud), 그리고 부정배(adventitious embryo)란 암수 성세포의 결합에 의해 만들어진 접합배로부터 유래되지 않은 뿌리, 눈, 그리고 배를 말한다.

영양번식은 일반적으로 종자번식에 비해 증식속도가 느린 편이지만 개화와 결실이 촉진되고 유전적으로 변이가 일어나지 않는 장점이 있다. 이로 인해 영양번식은 겹꽃, 유전적으로 복잡한 즉 잡종성이 강한 국화, 카네이션 등의 숙근류, 튤립, 나리 등의 구근류, 장미 등의 화목류 등 대부분의 화훼류에 있어서는 필수적인 번식법이다. 그러나 신나팔나리 등은 종자와 영양번식 모두에 의해 증식되기도 한다.

영양번식법에는 분주, 취목, 삽목, 접목 등이 있으며, 현재에는 발근 촉진제의 개발, 미스트 시설의 활용, 미세번식 기술의 적용 등으로 식물체의 거의 모든 부위뿐만 아니라 단 하나의 세포도 영양번식용 재료로 활용할 수 있다.

분주

분주(포기나누기, division)는 포기를 나누는 가장 단순한 영양번식법 가운데 하나이다. 숙근류나 화목류 등에서 이용되고 있으나 증식률이 낮다. 구근류에서 흔히 볼 수 있는 분구에 의한 번식도 일종의 분주법이라 할 수 있다. 분주방법에는 달리아나 작약과 같이 눈을 분리하는 것, 칸나, 자란과 같이 눈이 있는 지하경을 분리하는 것, 국화, 해당화와 같이 흡지(sucker)를 분리하는 것, 잔디와 같이 포복경을 분리하는 것, 산세베리아, 아가베와 같이 옆으로 짧게 나온 단축지(offset)를 분리하는 것 등이 있다.

취목

취목(휘묻이, layering)은 모주의 줄기로부터 흙 속 또는 공중에서 부정근을 발생시킨 다음 뿌리가 있는 줄기를 모체로부터 분리하여 독립된 개체로 양성하는 방법으로 휘묻이라고도 한다. 증식 속도는 느리지만 기술이 간단하고 확실한 방법으로 골묻이(trench layering), 성토법(묻어떼기, mound layering), 고취법(높이떼기, air layering) 등이 있다. 이 방법은 관엽식물, 화목류, 정원수, 분재 등의 묘목을 양성할 때에 주로 이용되고 있다.

삽목

삽목(꺾꽂이, cutting)은 잎, 줄기, 뿌리 등 식물체의 일부를 절취하여 모래 등의 삽목상(cutting bed)에 꽂은 후, 부정근 또는 부정아를 발생시켜 독립한 개체를 얻는 방법으로 꺾꽂이라고도 한다. 삽목은 사용되는 식물체의 부위에 따라 경삽, 엽삽, 근삽으로 구분한다.

경삽

경삽(지삽, 가지꽂이, stem cutting)은 눈이 붙어 있는 줄기를 잘라서 삽수로 사용하는 방법인데 삽목번식법 가운데 가장 많이 이용되고 있다. 눈이 포함된 마디 하나를 삽수로 사용하는 경우에는 엽아삽(잎눈꽂이, leaf-bud cutting)이라고 하며, 경삽의 변형이라 할 수 있다. 경삽과 엽아삽의 경우에는 줄기와 잎으로 자랄 눈이 이미 존재하고 있기 때문에 새로운 뿌리인 부정근만 유도하면 된다. 부정근의 형성은 종에 따라 난이도가 크게 다르지만, 일반적으로 세포의 분열능력이 높은 유묘기 때에 발근율이 높다. 경삽은 비교적 쉬운 삽목법으로 국화, 카네이션, 개나리 등 대부분의 화훼류에 적용되고 있다.

엽삽

엽삽(잎꽂이, leaf cutting)은 잎을 삽수로 사용하여 식물체의 수적 증가를 도모하는 경우로 부정아와 부정근 모두가 형성되어야만 독립된 개체를 얻는 어려운 방법이다. 삽수인 잎에서 발생하는 줄기와 뿌리의 기원은 두 가지가 있다. 하나는 세포의 분열활성이 계속되는 전형성층과 기본분열조직 등에서 부정아와 부정근이 직접 발생하는 경우이며, 또 다른 하나는 이미 분화된 세포의 특정 집단이 탈분화(dedifferentiation)되어 캘러스(callus)를 형성하고, 여기에서 새로운 부정아와 부정근이 재생되는 간접적인 경우이다. 엽삽은 렉스베고니아, 페페로미아, 아프리칸바이올렛 등에 적용되고 있다.

근삽

근삽(뿌리꽂이, root cutting)은 뿌리를 삽수로 사용하는 삽목법인데, 이 방법 역시 엽삽에서와 같이 부정아와 부정근의 형성이 수반되어야 하는 어려운 번식법이다. 부정아는 모주의 뿌리에서 직접 형성되기도 하고, 뿌리의 절단면에서 형성되는 캘러스에서 간접적으로 발생하기도 한다. 전자의 가장 일반적인 유형은 부정아가 발생하고 그 후 부정근이 발달하는 즉 새로운 줄기의 기부로부터 부정근이 발생하는 경우이다. 가끔 이 줄기를 분리하여 경삽으로 발근(rooting)시키기도 한다. 또 부정아와 부정근이 동시에 형성되는 경우도 있다. 어떤 경우에는 새로운 줄기가 형성되지만 부정근이 발생하지 않거나, 반대로 새로운 부정근은 발생하지만 부정아가 발생되지 않아 삽수가 죽어 버리기도 한다.

뿌리 삽수에서 새로운 부정근이 재생된다는 것은 일반적으로 부정아의 형성보다 어렵다. 어린 실생묘의 근삽은 늙은 것에 비해 성공률이 훨씬 높다. 근삽은 작약, 등나무, 라일락 등에 적용되고 있다.

삽목환경

삽목하는 장소, 즉 삽목상의 환경은 반그늘 상태인 10,000~20,000Lux 하에서, 고습도를 유지하여 증산을 억제하고, 20~25℃의 온도를 유지하는 것이 이상적이다. 이러한 환경을 만들기 위해 작은 물방울을 간헐적으로 분무하여 공기 중의 상대습도를 유지하고 삽수의 체온을 낮출 수 있는 미스트 번식법이 실용화되고 있다.

접목

접목(grafting)은 식물체의 일부인 접수(scion)를 다른 식물체인 대목(rootstock)에 접착시켜 조직의 유합을 도모한 후 독립된 개체로 양성하는 번식법이다. 삽목이 곤란하거나 내병성이나 수세(tree vigor)가 약한 경우에는 접목법을 이용한다. 접목번식의 장점으로는 개화와 결실의 촉진, 품종의 갱신, 결손 가지의 보충, 병충해 저항성의 향상, 수세의 조절 및 환경 적응 등이 있다. 접목의 종류로는 지접, 아접, 근접, 기접, 녹지접 등이 있다.

지접

지접(scion grafting)은 한 개 혹은 여러 개의 눈이 있는 가지를 대목에 접착시키는 방법이다. 적당한 시기는 접수의 눈이 휴면상태에 있고 대목의 뿌리가 활동하고 있을 때이다. 지접법으로는 장미, 벚꽃, 목련 등에 적용되는 절접(veneer grafting), 달리아 등에 적용되는 할접(cleft grafting), 동백나무, 철쭉, 장미 등에 적용되는 합접(splice grafting), 선인장 등에 적용되는 안접(saddle grafting) 등이 있다.

아접

아접(budding)은 눈과 소량의 목질부를 붙인 채 채취하여 대목의 수피 내에 삽입하거나 대목의 깎은 부위에 접착하는 방법이다. 아접은 가지가 충실하고 형성층이 크고 수피가 잘 벗겨지는 8~9월이 적기이며, 장미 등에 적용되고 있다.

근접

근접(root grafting)은 대목의 뿌리에 접목하는 방법으로 단풍나무, 장미, 등나무 등에서 활용되고 있다.

기접

기접(approach grafting)은 접수와 대목 모두 뿌리가 있는 상태에서 줄기의 일부를 깎고 그 부분이 활착되도록 유도한 다음, 불필요한 접수의 뿌리와 대목의 줄기를 제거하여 하나의 개체로 양성하는 방법이며 단풍나무, 동백 등에서 주로 활용되고 있다.

녹지접

녹지접(softwood grafting)은 줄기가 녹색 상태일 때인 봄이나 여름 동안에 할접을 한 후 필름으로 덮어 온도와 습도를 유지하면서 접착 부위의 활착을 촉진시키는 방법이다.

기타 접목법

이외에도 대목의 줄기 선단부에 접목하는 고접(top-grafting), 실내에서 접목하여 포장에 심는 양접(bench grafting), 포장에서 직접 접목하는 거접(field grafting) 등의 방법이 있다.

접목친화성

접목의 활착을 위해서는 먼저 형성층에서 캘러스의 형성과 유합이 이루어져야 하며, 이를 위해서는 접수와 대목이 충실해야 하고, 고습도와 적온이 유지되어야 하며, 숙련된 접목 기술이 있어야 한다. 접목 후 접수와 대목의 활착, 생육, 개화, 그리고 결실의 과정이 순조롭게 진행되는 성질을 접목친화성(graft compatibility)이라고 한다. 접목친화성은 근연종(allied species)일수록 높은 것이 일반적이지만, 매화나무와 살구나무에서와 같이 서로가 근연종임에도 불구하고 접목친화성이 낮은 경우도 있다.

구근류의 번식

구근류의 증식 양식은 특이하며 자연증식과 인공번식으로 대별할 수 있다.

자연증식

자연증식은 자연상태에서 구근이 분리되는 분구 양식에 따라 구근의 수가 증가되는 것을 말한다.

① 인경

인경의 자연증식법은 튤립이나 구근아이리스에서와 같이 모구(mother bulb)의 인편이 매년 소모되고 액아가 새로운 구근으로 자라는 것, 수선이나 히아신스에서와 같이 2, 3년간 새로운 인경이 형성되고 이들 구근이 커진 다음 자연스럽게 분리(separation)되는 것, 그리고 나리에서와 같이 구근 내부에서 매년 새로운 인편이 형성되어 2, 3년간 구근의 비대가 계속되면서 인편 수가 증가하면 모구의 바깥쪽 인편이 점차 소모되거나 탈락하고 줄기의 기부에서 새로운 구근이 형성되어 분리되는 것 등이 있다.

또 나리류는 땅속에 있는 줄기의 마디에서 발생하는 자구(daughter bulb), 그리고 참나리나 참나리의 피가 섞인 아시아틱나리 등에서와 같이 지상경의 액아에서 형성되는 주아(bulbil)에 의해 자연적으로 증식되기도 한다.

② 구경

구경의 자연번식법은 글라디올러스가 대표적인 예이다. 글라디올러스 구경의 표면에는 마디가 있고, 각 마디이는 1/2 엽서에 따라 좌우로 어긋난 액아가 한 개씩 있다. 그리고 구근의 선단부에는 정아가 있으며, 정아 우세에 의해 정아만이 맹아하여 화경으로 자라게 되며, 개화 후에는 화경의 기부가 비대하여 새로운 구근을 형성하게 된다. 또 신구의 아래쪽 마디로부터 포복경이 자라고, 포복경의 선단부는 비대하여 목자(cormel)를 형성한다. 글라디올러스의 자연증식은 새로운 구경과 목자에 의해 이루어지고 있다.

③ 괴경, 근경, 괴근

괴경, 근경, 괴근은 자연증식이 어려워 종자나 인공번식에 의해 주로 증식되고 있다.

인공번식

인공번식은 자연증식의 속도가 느릴 경우 이를 보완하기 위해 인위적으로 구근의 수를 증가시키는 방법이다. 인공번식법에는 엽삽, 경삽, 인편번식, 상처법, 괴경과 괴근의 분할, 미세번식 등이 있다.

① 엽삽

글록시니아, 구근베고니아, 오르니소갈럼 등은 엽삽으로 증식시킬 수 있다.

② 경삽

달리아, 글록시니아, 나리 등은 경삽으로 증식시킬 수 있다.

③ 인편번식

인편번식(scale propagation)은 인편삽(scaling)이라고도 하며 나리, 아마릴리스, 히아신스, 상사화 등의 인편을 사용하여 구근의 수적 증가를 도모하는 방법이다. 인편삽은 나리에서 주로 이용되어 왔던 번식법으로 하나의 인편을 사용하는 것이 일반화되어 있다. 하지만 아마릴리스나 상사화에서는 인경을 16 또는 32등분하여 인편 두 개가 붙어있는 쌍인편삽(twin scaling)을 하기도 한다.

④ 상처법

상처법(basal cuttage)은 히아신스의 구근 아래쪽인 저반부에 있는 생장점을 파괴 또는 제거하여 상처 부위로부터 부정아를 유도하는 것으로 제심(coring), 스쿠핑(scooping), 늣칭(아상처리, notching) 등의 방법이 있다.

⑤ 분할법

시클라멘은 괴경을 가로로 반 정도 잘라내고 가로세로 1㎝ 정도의 크기로 금을 그어두면 상처 부위에서 자구가 발생된다. 칸나 등의 근경은 눈을 붙여서 분단한다. 달리아의 줄기 하나에는 여러 개의 괴근이 있다. 각 괴근의 위쪽에는 줄기가 있으며 이 줄기의 아래쪽에는 잠아(latent bud)가 있다. 이들 잠아를 붙여 분단(division)하면 여러 개의 새로운 괴근을 얻을 수 있다.

미세번식

미세번식(micropropagation)은 조직배양(tissue culture) 기술을 이용하여 모주와 유전형질이 같은 영양계(clone)를 저렴한 생산비로 단기간에 대량 증식하는 영양번식 기술이다. 조직배양이란 생장 중인 식물체의 일부를 모체로부터 분리하여 이것을 적당한 영양과 환경 하에서 무균적으로 생장과 분화시키는 기술을 말한다. 미세번식은 종래의 영양번식법보다 증식 효율이 높아 실용적인 기술로서 정착되고 있다.

미세번식은 식물재료의 유전적 특성, 배양환경 및 배지조성의 조합이 적합할 때 증식능률이 높아지며, 미세번식의 과정은 배양 전 식물의 관리, 무균배양계의 확립, 배양체의 증식, 식물체의 재생, 토양이식의 준비, 토양이식의 6단계로 구분하고 있다. 각 단계별 특징을 요약하면 아래와 같다.

0단계(배양 전 준비)

이 단계는 모주의 관리와 선택, 그리고 배양 전 준비 과정이다. 식물의 조직배양을 목적으로 사용되는 최초의 절편체(section)를 외식체(explant)

라고 하는데, 이러한 외식체의 선택과 소독 등의 전처리는 대단히 중요하여 다음 단계에서의 성공 여부를 결정한다.

1단계(무균배양계의 확립)

이 단계는 외식체를 무균적으로 배양용기 내에 이식하는 한편, 외식체의 활착과 캘러스, 부정아, 부정근 등 각종 기관의 형성을 유도하는 무균배양계의 확립 과정으로, 초대배양(primary culture)이라고 한다. 이 단계에서는 잎, 줄기, 뿌리, 꽃 등 거의 모든 조직이나 기관을 외식체로 사용할 수 있으며, 주로 고체배지(solid medium)를 이용한다.

2단계(배양체의 증식)

이 단계는 형성된 기관이나 캘러스를 증식하는 배양체의 증식 단계이다. 이 단계에서는 분화나 발육을 조절하기 위해 새로운 조성의 배지로 옮겨서 이식을 몇 번이고 반복하는 계대배양(subculture)을 할 수 있어 식물체의 수를 현저하게 증가시킬 수 있다. 따라서 이 과정은 식물체를 급속증식시키는 가장 중요한 단계이다.

증식방법으로는 새 가지의 정아우세현상의 타파에 의한 액아생장의 촉진법과 이 방법으로 형성된 다신초(multiple shoots)의 분주, 마디배양(node culture), 삽목, 엽아삽 등에 의한 신초의 증식뿐만 아니라, 목적이나 식물의 종에 따라서는 캘러스, 부정배, 원괴체상구체(protocorm-like body)를 이용하여 증식시키기도 한다. 목본류는 기내접목(in vitro grafting)에 의해 증식효율을 높일 수도 있다.

이 과정에서는 증식속도를 높이기 위해 액체배지(liquid medium) 등의 특이한 배양방법을 활용하거나, 생장조절물질을 많이 사용하게 되고, 배양경비를 줄이기 위해 계대배양 기간을 장기화 하는 등에 의해 변이의 발생이 문제가 되고 있다.

3단계(식물체의 재생)

액아의 증식을 통해 번식되고 있는 뿌리 없는 번식체(propagule)의 뿌리형성을 유도하는 단계이다. 그러나 카네이션이나 숙근안개초 등에서와 같이 뿌리 유도가 필요 없는 경우도 있다. 또 구근류와 같이 휴면을 하는 식물의 경우에는 이 단계에서 휴면을 타파하여야 한다.

4단계(토양이식의 준비)

이 과정은 유식물체(소식물체, plantlet)를 토양으로 옮기기 위한 준비단계로서 기내배양(in vitro culture)의 최종단계이다. 배양 중인 유식물체는 매우 연약해서 토양으로 이식하면 대부분 죽어버린다. 따라서 이 단계에서는 유식물체를 강건하게 만들거나 구근류에서는 소인경(bulblet), 소구경(cormlet), 소괴경(tuberlet) 등의 작은 구근을 형성시켜 토양이식 후의 활착률을 향상시킬 수 있도록 준비하는 과정이다.

이상의 1~4 단계에서는 배양체가 주로 종속영양(heterotrophism)적인 생장을 하므로 탄소원을 필요로 하고 무균조건 하에서 배양하여야 한다.

5단계(토양이식)

유식물체 또는 작은 구근을 토양으로 이식하는 단계이다. 유식물체나 작은 구근이 토양에 활착되면 독립영양(autotrophism)적인 생장, 즉 광합성을 하기 때문에 탄소원을 필요로 하지 않으며 무균으로 할 필요도 없다. 특히 유리질화묘(투명묘, vitreous plantlet)는 연약하기 때문에 포장이나 온실에 정식하기 전 일정 기간 순화할 필요가 있다.

순화(acclimation)의 목적은 토양이식 후의 생존율 향상, 육묘기간의 단축, 환경 스트레스 내성의 증대, 그리고 광합성 능력의 향상에 있다. 특히 낮은 상대습도, 고온, 강한 광선 아래에서는 순응하기 어렵다. 이로 인해 대부분의 유식물체는 이식 후 생장억제 현상을 나타내거나 죽는 경우가 많다. 그 원인은 뿌리의 발달이나 기공의 개폐 조절 기능이 불충분하고, 잎 표면의 큐티클 왁스가 적어 수분 스트레스에 약하고, 엽록소 함량의 부족으로 광합성 능력이 낮은 등의 내적 요인과 이식할 때의 뿌리 절단 등에 의한 상처, 배지성분 및 수분포텐셜의 급격한 변화 등의 외적 요인에 의한다.

토양이식 후의 생존율을 높이고 발근과 생장을 촉진하기 위해서는 탄산

가스 사용, 미스트 분무에 의한 높은 상대습도 유지, 차광, 온도 등의 환경 조절이 필요하다.

제7부

화훼의 개화와 환경

17. 화훼는 연중 공급되어야 한다

18. 꽃은 빛이 있어야 핀다

19. 화훼는 대기환경에 민감하다

20. 화훼는 흙에서 양분과 수분을 흡수한다

17

화훼는 연중 공급되어야 한다

우리가 어린 시절에는 금강산도 식후경이란 말을 하루에도 몇 번씩 듣고는 했다. 국민소득이 낮을 때에는 먹거리를 우선적으로 생각할 수밖에 없다. 국민소득이 높아진 근래에는 꽃과 녹색이 인간의 건강에 매우 중요한 역할을 하고 있다고 인식하게 되었다. 게다가 도시화가 진행되고 자연이 상실되고 공해가 증가하게 되자 시민들은 건강을 걱정하게 되고 윤택한 삶의 질을 영위하기 위해서는 꽃과 녹색이 필수불가결한 존재로까지 생각하게 되었다. 최근에는 꽃이 인간의 삶의 질을 향상시킨다는 측면에서, 일상생활, 문화의 발전과 계승, 그리고 쾌적한 환경의 창조 및 유지와 관련해서 꽃과 녹색의 역할이 더욱 주목을 받고 있다.

꽃이 갖는 문화적, 생필품적, 국제적 측면은 고도의 품질과 연중 생산을 추구하게 되었다. 실제로 결혼식, 장례식, 각종 회의, 어버이날 등의 기념일은 물론이고 가정용 화훼의 수요도 연중 계속되고 있다.

그러나 꽃은 저장력이 약해 다른 농산물과 같이 장기간 저온고 등에 저장하면서 공급할 수 없다. 이로 인해 온실이나 비닐하우스 등의 시설물을 이용하여 겨울철 등의 단경기(off-crop season)에도 화훼를 공급하여야만 소비자의 욕구를 충족시킬 수 있다. 이를 위해서는 고도의 기술을 가지고 시설비 등의 막대한 자본과 노동력을 투입하여 화훼를 연중 생산할 수 있는 체계를 갖추어야 한다.

주년생산

주년생산(year-round production)이란 다양한 품종과 재배법을 활용하여 화훼를 일 년 내내 생산하는 것을 말한다. 이것이 가능한 이유는 화훼의 휴면, 생장과 개화의 각 단계를 일장, 온도, 생장조절물질 등으로 조절할 수 있기 때문이다. 이러한 개화조절을 통해 자연의 개화기보다 빨리 개화시키는 것은 촉성(forcing), 늦게 개화시키는 것은 억제(retardation)라고 한다. 실제 재배할 때에는 노지에서 자연개화기 때 생산하는 것을 보통재배(field culture), 보통재배보다 빨리 개화시켜 출하하는 것을 촉성재배(forcing culture), 보통재배보다 늦게 개화시켜 출하하는 것을 억제재배(retarding culture)라고 한다.

재배방식

화훼를 주년생산하기 위해서는 재배방식에 대한 이해가 필요하다. 한국에서는 계절이나 지역에 따라 기후 조건이 다르므로 같은 종이라 하더라도 품종의 선택을 달리하고 재배시기를 달리 하고 있다. 이와 같이 다양한 재배 양식을 유형적으로 나누어 일련의 기술 체계로 나타낸 것을 재배방식(cropping system) 또는 작형이라고 한다.

작형이 성립되기 위해서는 고려해야 할 몇 가지 요소가 있다. 그것은 기후, 표고, 토질 등의 입지조건, 계절성과 생산물의 출하시기를 고려하는 재배시기, 광주성, 온주성, 휴면, 로제트 등 생태적 특성을 고려한 품종의 선택, 온도, 일장 등의 환경조절, 그리고 관리 기술과 관련된 재배 방법 등이다.

이러한 작형은 품목에 따라 더욱 세분화되고 있다. 특히 국화, 장미, 카네이션 등 생산량이 많은 품목에서 두드러지게 나타나고 있다. 이것은 광주성, 온주성, 휴면, 로제트 등 생태적 특성이 다른 품종의 육성과 개화조절 기술의 발달에 의해 가능하다. 작형이 세분화되면 재배시기가 확대되어 생산의 주년화가 이루어지고, 생산의 주년화는 소비의 주년화를 촉진하여 생산이 다시 확대되는 결과를 낳고 있다.

품목별 주년생산

대부분의 화훼는 주년생산이 가능하기 때문에 계절에 관계없이 언제나 플라워샵에서 구입할 수 있다. 좋은 예로서는 국화, 튤립 등이 있으며 근

년에는 유스토마가 있다. '국화는 언제 생산되는가'라고 물으면 과거에는 가을이라고 대답했다. 그러나 지금은 언제나 구입할 수 있기 때문에 연중 생산된다고 해야만 정답이다. 이것은 화훼의 주년생산 체계가 잘 확립되어 있다는 좋은 예가 되고 있다. 주요 화훼류의 주년생산 체계를 소개하면 아래와 같다.

국화

자연환경에 대한 적응 능력에 따라 국화를 분류할 수 있는데, 이것을 생태형(ecotype) 품종이라고 한다. 국화의 생태형 품종에는 6월에 개화하는 하국(summer-flowering chrysanthemum), 7~8월에 개화하는 8월국, 9~10월에 개화하는 9월국, 10~11월에 개화하는 추국(autumn-flowering chrysanthemum), 12월에 개화하는 동국(winter-flowering chrysanthemum)이 있다. 이러한 생태형 품종을 이용하면 자연 상태에서 6~12월에 개화시킬 수 있다. 하지만 1~5월 사이에는 개화가 어렵기 때문에 온실 등의 시설물을 이용하여 환경조절을 해야만 한다.

국화는 추국과 동국을 이용하여 12~3월에 출하하는 전조재배(light culture)를 할 수 있으며, 이것을 억제재배라고도 한다. 또한 하국과 추국을 이용하여 12~1월에 정식하여 3~5월에 출하하는 촉성재배를 할 수 있으며, 추국을 이용하여 5월에 출하하는 반촉성재배(semi-forcing culture)는 물론이고, 6~9월에 출하하는 차광재배(shade culture)도 할 수 있다.

이와 같이 국화는 생태형 품종을 이용하고 정식시기, 시설물 하에서의 환경 조절을 통해 일 년 내내 생산이 가능하게 되는 것이다.

장미

장미는 노지재배(field culture)로 5월과 10월에 출하할 수 있으며, 표고 600m 이상에서의 고랭지재배(culture in highland)를 통해 노지와 하우스 재배의 단경기인 6~10월에 절화할 수 있다. 하지만 11~4월 사이에는 장미 꽃을 볼 수 없다.

이것은 시설물 하에서 환경조절을 통해 극복할 수 있다. 장미는 따뜻한 지방에서 하우스재배(house culture)를 하면 겨울에 난방하지 않고도 노지재배보다 빠른 4~5월에 출하할 수 있으며, 노지보다 늦은 10~12월에 출하하는 것도 가능하다. 또 평지나 난지에서 온실재배(greenhouse culture)를 하면 12~5월에 절화하는 것이 가능할 뿐만 아니라 최근에는 기술이 발달하여 연중 절화 생산이 가능하다.

이와 같이 장미는 주로 자연환경을 이용하고 시설물 하에서의 환경조절을 통해 주년생산이 가능하게 되었다.

카네이션

카네이션은 봄에 정식하는 고랭지재배를 통해 7~10월에 출하하고, 하우스재배를 통해서는 9~12월과 2~5월에 출하하는 것이 가능하며, 온실재배를 통해서는 10~5, 6월에 출하하는 것이 가능하다.

카네이션은 자연환경과 시설물을 이용하여 주년생산하고 있다.

튤립

노지에서 개화되는 4월에 튤립을 출하하는 생산자는 거의 없다. 튤립은 반촉성재배를 하면 3~4월에 개화가 가능하고, 촉성재배를 하면 10~3월 출하가 가능하다.

나팔나리

나팔나리는 자연 상태에서 6월에 개화한다. 반촉성재배를 통해 3~5월에 생산하고, 촉성재배를 통해서는 9~2월에 개화시킬 수 있다.

글라디올러스

글라디올러스는 봄에 정식하면 지역에 따라 7~9월에 개화한다. 억제재배는 6~9월에 정식하여 10~3월에 개화시키며, 촉성재배는 10월에 정식하여 3~5월에 개화시킨다.

튤립, 나팔나리, 글라디올러스 등의 구근류는 구근의 크기, 정식시기, 그리고 냉장(cold storage)이나 재배온도 등의 환경을 시설물 하에서 조절해줌으로써 연중 절화를 생산할 수 있다.

18 꽃은 빛이 있어야 핀다

화훼의 생장반응에 관여하는 환경요인 가운데 빛은 매우 중요한 요인이다. 빛의 생리작용으로는 광합성, 광주성, 굴광성으로 대별할 수 있으며, 여기에 영향을 미치는 요인으로는 광도, 광질, 일장이 있다. 광도와 광질은 광합성에, 일장은 광주성에 큰 영향을 미친다.

광합성

빛이 없으면 식물이 살아갈 수 없을 뿐만 아니라 꽃을 피울 수 없다. 그 이유는 빛이 없으면 광합성(photosynthesis)을 할 수 없으므로 화훼의 생장과 개화에 영향을 미치는 탄수화물이 만들어지지 않기 때문이다. 탄수화물은 식물의 영양생장뿐만 아니라 탄소-질소비율(carbon-nitrogen ratio, C/N ratio)을 높여 개화에도 영향을 미친다. 그러므로 광합성은 화훼의 생산에 그 의의가 매우 크다.

광합성은 식물이 광에너지를 이용하여 물(H_2O)과 이산화탄소(carbon dioxide, CO_2)로부터 유기물인 탄수화물(carbohydrate, CH_2O)을 합성하는 과정이다. 또한 이산화탄소가 식물체 내에서 고정될 때에는 거의 비슷한 양의 산소(O_2)가 발생된다. 이와 같이 식물은 빛을 이용하여 스스로의 생활에 필요한 탄수화물을 만들고 모든 생물에 유용한 산소를 만들고 있는 것이다.

광합성은 2개의 대사과정으로 이루어져 있다. 첫 번째는 물과 광에너지를 받아들이는 광화학반응으로 명반응(light reaction)이라고 하며, 생물에너지인 ATP와 환원물질인 NADPH, $NADPH_2$가 만들어지는 과정으로, 엽록체의 그라나에서 일어난다. 두 번째는 ATP나 환원물질을 사용하여 이산화탄소로부터 포도당을 만드는 과정으로 엽록체의 기질인 스트로마에서 일어나며, 이 과정은 광이 관여하지 않기 때문에 암반응(dark reaction)이라고 한다.

이러한 광합성 양식은 화훼의 종류에 따라 다르며, 암반응을 할 때 이산화탄소의 고정과 환원경로에 따라 C_3, C_4, CAM 식물로 구분한다.

C_3식물

대부분의 화훼류는 C_3식물이다. C_3식물은 암반응의 탄소환원 회로인 캘빈사이클만으로 이산화탄소를 고정하는 식물이다. 즉 C_3식물은 6분자의 이산화탄소가 6분자의 ribulose-1,5-diphosphate(RuDP)와 결합하여 탄소 3개로 이루어진 3-phosphoglyceric acid(PGA)를 최초로 생성하는 식물이다. 이와 같이 이산화탄소가 RuDP와 결합하여 PGA가 만들어질 때를 이산화탄소 고정이라고 한다. PGA 12분자 가운데 10분자는 RuDP로 바뀌어 다음의 이산화탄소를 고정하기 위해 캘빈사이클을 회전하고, 2분자의 PGA는 탄소 환원과정을 거쳐 포도당으로 변화한다.

C_4식물

C_4식물에는 채송화, 색비름, 천일홍 등 800여 종이 있다. C_4식물은 C_3식물에 비해 이산화탄소의 보상점과 포화점이 낮고 광포화점과 광합성에 적당한 온도가 높다. 이와 같은 성질은 광도와 온도가 높은 열대지역에서 살아갈 수 있도록 적응된 것이라 할 수 있다.

C_4식물은 C_4 dicarboxylic acid 사이클을 경과한 다음 캘빈사이클로 들어가 이산화탄소를 고정하는 식물이다. 즉, 이산화탄소가 phosphoenolpyruvic(PEP)과 결합하여 탄소 4개로 이루어진 옥살초산(oxaloacetic acid, OAA)을 최초로 생성하는 식물이다. 최초로 생성된 OAA는 다시 사과산(malic acid) 또는 아스파라긴산(aspartic acid)으로 변화하여 이산화탄소를 고정하는데, 이 반응은 엽육 세포에서 일어난다.

이들은 탈탄산(decarboxylation)되어 다시 이산화탄소와 피루브산

(pyruvic acid)으로 바뀐다. 이때 발생되는 피루브산은 PEP로 바뀌어 이산화탄소를 고정하기 위해 다시 C_4 dicarboxylic acid 사이클을 회전하며, 이산화탄소는 C_3식물에서처럼 캘빈사이클로 들어가 포도당을 생성한다. 이 과정은 유관속초세포(bundle sheath cell)에서 일어난다.

CAM 식물

캠식물(crassulacean acid metabolism plant, CAM plant)은 돌나물, 칼랑코에, 호야, 꽃기린 등의 다육식물, 선인장, 구즈마니아 등의 아나나스류, 카틀레야, 반다, 팔레놉시스 등의 착생란과 같이 주로 열대 지방 원산이다. 이 부류의 화훼는 유기산대사(CAM)경로를 갖는 식물로서 C_4식물과 거의 비슷한 경로를 거친다.

하지만 CAM 식물은 같은 세포 속에서 이산화탄소의 고정과 합성이 같은 장소에서 이루어진다. 제 1단계는 야간에 이산화탄소를 흡수하여 고정하고, 제 2단계는 주간에 탄수화물을 합성하는, 즉 시간적 분업을 하는 것이 C_4식물의 공간적 분업과 다른 점이다. 바꾸어 말하면 PEP와 RuDP carboxylase가 동일한 세포에서 작용하고 있다. 이와 같이 CAM 식물은 낮에는 기공을 폐쇄하여 수분의 손실을 방지하며, 기온이 내려가고 상대습도가 높아지는 밤에는 기공을 열어 이산화탄소를 흡수하고 고정한다. 이것은 사막 등의 건조지역이나 나무나 바위에서 생활하기 위해 적응한 결과이다.

광합성속도

식물의 생장은 광합성으로 만들어지는 탄수화물의 생산량에 의존함으로 광합성속도(photosynthetic rate)에 관여하는 환경요인은 매우 중요하다. 광합성에 관여하는 환경요인으로는 광질, 광도, 온도, 이산화탄소, 수분포텐셜 등이 있다.

광질

광질(light quality)이란, 빛의 파장을 의미하는 것으로 식물의 생리적

반응에 관여하는 파장의 범위는 300~800nm이다. 이 가운데 광합성에 이용되는 광합성유효방사(photosynthetically active radiation, PAR)는 주로 엽록소나 카로티노이드가 흡수하는 400~700nm이다. 그러나 식물이 실제 광합성을 할 때에는 430nm의 푸른색과 660nm의 빨간색 파장을 주로 이용한다.

자연 상태에서 광도가 부족할 때에는 인공광을 조사할 수 있는데, 이때에는 형광등이 자연광의 파장과 가장 비슷하다. 최근에는 발광다이오드(light emitting diode, LED)를 이용하여 광질을 자유롭게 제어할 수도 있다.

광도

광도(light intensity)는 흔히 조도(illuminance, 단위 Lux)로 나타낸다. 그러나 조도의 기준은 인간의 눈 감각으로, 인간의 눈은 555nm의 황록색의 광을 가장 밝게 느낀다. 파장별 눈 감각과 광합성 반응의 곡선은 크게 달라서 광합성에 관한 빛의 세기를 조도로 평가하는 것은 바람직하지 않다. 따라서 광합성 유효파장의 단위시간과 단위면적당 입사광량자수로 나타내는 광합성유효광량자속밀도(photosynthetic photon flux density, PPFD; μmol · m^{-2} · s^{-1})의 사용, 즉 에너지 단위가 권장되고 있다.

식물을 빛이 없는 암상태(PPFD = 0)에 두면 순광합성속도(net photosynthetic rate), 즉 순동화작용(net assimilation)은 마이너스(-)치를 나타낸다. 순광합성속도는 총광합성속도(gross photosynthetic rate)에서 호흡을 뺀 것이므로 암상태에서는 호흡에 의한 이산화탄소의 배출이 탄산 고정보다 많다는 것을 의미한다. 이러한 암상태는 사람이 단식을 하는 것과 마찬가지로 이 상태가 지속되면 식물은 죽게 된다.

암상태에서 광도를 서서히 높여주면 이산화탄소의 배출이 줄어들기 시작하며, 어느 광도에 도달하면 이산화탄소의 배출도 흡수도 보이지 않는 광합성속도 제로의 상태가 된다. 이때의 광도를 광보상점(light compensation point)이라고 한다. 이러한 환경하에서는 식물의 생장이 제대로 이루어지지 못해 연약하게 된다.

광보상점 이상으로 광도를 높여주면 이산화탄소의 흡수가 직선적으로 증가하게 되지만 더 이상 광도를 높여도 이산화탄소의 흡수가 증가되지 않는, 즉 광합성 속도가 증가하지 않는 시점이 있다. 이때의 광도를 광포화점(light saturation point)이라고 한다. 식물은 이러한 조건 하에서 잘 자라게 된다.

식물에 따라서는 광의 요구도가 크게 다르다. 아프리칸바이올렛, 안스리움과 같이 약광 하에서 생육이 양호한 음생식물(shade plant)은 광보상점이 낮고 광포화점도 10kLux 이하로 낮다. 이에 비해 국화, 프리뮬러는 강광을 좋아하는 양생식물(sun plant)로서 광포화점이 20kLux 이상이다. 해바라기는 100kLux까지도 광합성 속도가 증가한다.

온도

총광합성속도는 온도가 상승하면 점차 증가하여 특정 온도에 도달하면 최대치를 나타내게 된다. 더 이상 온도가 상승하게 되면 호흡이 증가하게 되므로 순광합성속도는 오히려 감소한다. C_3식물은 이산화탄소의 농도가 높을 때 광도를 높이면 광합성 적온이 높아지고 광호흡이 억제되어 광합성속도가 증가하지만, 광호흡을 하지 않는 C_4식물은 광합성 속도에 변동이 없다.

광합성의 적온은 종이나 품종에 따라 다르다. 열대원산이나 C_4식물의 광합성 적온은 30~35℃인데 비해, 온대원산이나 C_3식물의 광합성 적온은 20~25℃이다. 일반적으로 생장의 적온은 광합성의 적온보다 다소 높은 것으로 알려져 있으나 실제 재배 시에는 양자의 적온이 거의 같다고 보아도 좋다.

이산화탄소

이산화탄소는 탄수화물 생산의 재료이므로 대기 중에 있는 이산화탄소의 농도가 광합성속도에 큰 영향을 미친다. 대기 중에는 약 370ppm의 이산화탄소가 있으나 온실 등 폐쇄된 환경에서는 200ppm 이하로 내려가는, 즉 이산화탄소 기아 상태에 도달해 생육이 제한되는 경우도 있다.

대기 중에서 이산화탄소의 농도를 높이면 광합성속도가 증가하지만 이산화탄소가 특정 농도에 도달하면 광합성속도가 제로(0)로 되는데, 이때의 이산화탄소 농도를 이산화탄소보상점이라고 한다. 이산화탄소보상점(CO_2 compensation point)은 식물에 따라 달라서 C_4식물은 0~10ppm, C_3식물은 30~70ppm이다.

이산화탄소의 농도를 보상점 이상으로 높여주면 광합성속도가 거의 비례적으로 증가하지만 특정 농도에 도달하면 더 이상 광합성속도가 증가하지 않는데, 이때를 이산화탄소포화점(CO_2 saturation point)이라고 한다. 이산화탄소포화점 역시 종에 따라 다르지만 C_4식물은 350ppm, C_3식물은 1,000ppm 이상의 경우가 많으며, 국화는 1,500ppm 이상이다. 이것은 C_4식물이 광호흡을 하지 않기 때문에 이산화탄소의 고정 능력이 높다는 것을 의미한다.

수분포텐셜

수분포텐셜(water potential)은 광합성속도와 관련이 깊으며, 물의 이동을 설명하는 중요한 개념이다. 두 지점 사이에서 일어나는 물의 이동은 두 부위의 흡수력, 즉 수분포텐셜의 차이에 의해 좌우된다. 물의 이동은 수분포텐셜이 높은 쪽에서 낮은 쪽으로 일어난다. 순수한 물의 수분포텐셜은 제로(0)인 데 비해, 식물세포는 용질이나 친수성 콜로이드 입자가 포함되어 있어서 수분포텐셜이 감소하게 되고 마이너스(-) 치를 나타낸다. 이로 인해 토양 속에 있는 물은 항상 식물 속으로 이동하게 된다.

식물 세포의 수분포텐셜은 대개 -0.2~-1.0MPa인데, 상대습도가 90%일 때도 공기의 수분포텐셜은 -14.2MPa로 낮기 때문에 물은 항상 식물에서 대기의 방향으로 이동, 즉 증산하게 된다. 잎이 수분 스트레스를 받으면, 즉 잎의 수분 함량이 부족하면 수분포텐셜이 -1.5~-2.0MPa로 낮아지게 되는데, 이렇게 되면 대부분의 화훼류는 시들게 되고 광합성속도가 크게 줄어들게 된다. 토양으로부터 식물체 내로의 물의 흡수가 원활하게 되기 위해서는 식물체의 수분포텐셜이 토양의 수분포텐셜보다 낮도록 강건하게 키워야 한다.

이상에서 언급한 외부환경 이외에도 양분과 엽령 등 식물체 자체의 조건도 광합성의 주요 요인이 된다.

광호흡

식물은 광호흡(photorespiration)이라고 하는 특이한 호흡을 한다. 광호흡은 빛이 있을 때만 일어나는데, 순광합성속도를 저하시키며 총광합성속도의 25~50%를 차지하고 있다. 쉽게 이야기 하면 광호흡이란 식물체 내에서 당으로 만들어져야 할 이산화탄소가 빛에 의해 대기 중으로 방출되는 현상을 말한다. 이로 인해 광합성 효율이 떨어지고 탄수화물의 생산량이 줄어들게 되는 것이다. 대기 중의 산소농도를 낮추면 광호흡이 억제되고 순광합성속도를 증대시켜 탄수화물을 많이 만들 수 있다. 하지만 대기 중에서 산소 농도를 낮추는 것은 실현성이 희박하다. 하지만 만약 이것이 가능하게 된다면 식물 생산에 획기적인 계기가 마련된다고 할 수 있다. 일반적으로 C_3식물은 광호흡을 많이 하지만 C_4식물이나 CAM식물은 광호흡을 하지 않는다.

광호흡이 일어나는 원리는 C_3식물에서 최초로 탄산을 고정하는 RuDP가 이산화탄소와 결합하지 않고, 산소와 결합하면 이산화탄소가 대기 중으로 방출되는 것이다.

광호흡이 암호흡과 다른 점은 첫째, 광호흡은 대기 중의 산소 농도가 높아지면 현저히 촉진되지만 암호흡은 산소 농도에 영향을 받지 않는다. 둘째, 광호흡은 대기 중의 이산화탄소 농도를 1,000ppm 이상으로 높이면 저해되나 암호흡은 이산화탄소의 농도 영향을 크게 받지 않는다. 셋째, 광호흡은 암호흡에 비해 온도 감수성이 높다. 마지막으로 암호흡은 ATP라고 하는 생물에너지를 만들지만 광호흡은 그렇지 않다.

광주성

광주성(photoperiodism)은 하루 중 낮과 밤의 길이, 즉 명암의 주기적인 변화인 광주기(photoperiod)에 의해 일어나는 생체의 반응성으로, 개화, 측지 생장, 괴경 형성 등에 관여한다. 광주반응은 일장반응이라고도 하며, 실제로 식물이 느끼는 것은 명기(light period)보다도 암기(dark period)의 길고 짧음이다.

화아분화에 필요한 명암주기의 횟수는 나팔꽃 1회, 국화 3~4회, 게발선인장 20회로 식물에 따라 다르다. 또 식물이 인식할 수 있는 광도 역시 국화와 나팔꽃이 1~10Lux, 벼가 200Lux로 식물에 따라 다르다. 광주성을 이용하는 개화조절(regulation of flowering) 기술의 발달은 화훼산업의 근대화에 크게 기여하고 있다.

광주성의 유형

식물은 개화에 대한 광주반응에 따라 단일식물, 장일식물, 중성식물로 대별한다. 단일식물(short-day plant)은 하루의 낮의 길이인 일장(daylength)이 일정 시간 이하, 즉 하루 중 연속적인 밤의 길이가 일정 시간 이상일 때 화아분화가 유도 또는 촉진되는 식물이다. 장일식물(long-day plant)은 하루의 일장이 일정 시간 이상, 즉 하루 중 연속적인 밤의 길이가 일정 시간 이하일 때 화아분화가 촉진되는 식물이다.

단일식물과 장일식물 가운데에는 일장이 부적합하면 영양생장만 계속하고 개화하지 않는 절대적 단일식물(qualitative short-day plant)과 절대적 장일식물(qualitative long-day plant)이 있는가 하면, 부적당한 일장 하에서도 개화를 하지만 적당한 일장 하에서 개화가 촉진되는 상대적 단일식물(quantitative short-day plant)과 상대적 장일식물(quantitative long-day plant)이 있다.

질적 단일식물로는 둥근잎나팔꽃, 나팔꽃, 칼랑코에, 국화, 세이론돌나물, 줄맨드라미, 포인세티아, 봉선화 등이 있으며, 양적 단일식물로는 엘라티올베고니아, 맨드라미, 코스모스, 샐비어, 백일홍, 가재발선인장, 피토니아, 토레니아, 프리뮬러 말라코이데스, 매리골드, 유스토마 등이 있다.

질적 장일식물로는 빨간톱풀, 큰꿩의비름, 에크메아화시아타, 서양박하, 데이지, 마가렛, 루드베키아 등이 있으며, 양적 장일식물로는 카네이션, 금어초, 숙근안개초, 스타티스, 스톡, 델피니움, 프리뮬러 오브코니카, 과꽃, 리아트리스, 로벨리아 등이 있다.

중성식물(day-neutral plant)은 일장과는 관계없이 어느 정도의 영양생장이 진행되면 화아분화하는 식물로서 장미 등이 있다.

특수한 유형으로 정일식물과 양일장식물(dual daylength plant)인 단장일식물과 장단일식물이 있다. 정일식물(definite daylength plant)은 어느 특정한 일장 하에서만 화아분화하는 식물로서 중간식물이라고도 하며, 일장이 짧거나 길면 꽃 수가 감소하거나 개화하지 않는 식물이다. 단장일식물(short-long day plant)은 먼저 단일조건을 만나고 그 후 장일조건을 만나야 화아분화하는 식물로서 종꽃, 시네라리아, 꽃창포 등이 있다. 장단일식물(long-short day plant)은 단장일식물과는 반대로 먼저 장일이 필요하고 이어서 단일조건이 필요한 식물로서 숙근아스터, 솔리다스터, 피소스테기아 등이 있다.

질적 광주성식물은 화아형성을 결정하는 특정한 암기의 길이가 있으며, 이것을 한계암기(critical dark period)라고 한다. 그러나 관례적으로는 24시간에서 한계암기를 뺀 한계일장(critical day length)의 개념이 사용되고 있다. 한계일장이란 영양생장만을 계속하는 일장과 생식생장으로 전환되는 일장과의 경계일장이라고 할 수 있다. 한계일장은 식물의 종류에 따라 다르며, 한계일장 이하가 그 식물의 단일조건이고 그 이상이 장일조건이 된다. 그리고 양적 광주성 식물은 명확한 한계암기가 없으나, 개화가 현저히 촉진 또는 억제되는 암기가 있다.

암기중단

암기가 한계암기보다 길 때, 즉 단일기에 암기의 중간 시간대에 광을 조사하여 암기를 분단할 수 있는데, 이러한 처리를 암기중단(night break)이라 한다. 또 빛으로 암기를 분단한다는 의미에서 광중단(light break)이라고도 한다. 암기중단은 장일과 같은 효과를 얻을 수 있어서 단일식물은 개화가 억제되고 장일식물은 반대로 개화가 촉진된다. 암기중단 효과는 광도, 광질, 처리시간, 지속기간에 의존한다.

또 암기중단의 다른 방법으로는 교호조명(cyclic lighting)이 있다. 교호조명이란 단시간의 사이클로 암기를 세분화하는 조명법이다. 이 기술을 이용하는 국화의 전조재배가 실용화되어 있다. 전조재배 시에는 장일 효과를 명확히 하기 위해 한밤(22:00~02:00) 중에 50~200Lux의 밝기로

4시간 동안 전등 조명한다. 이 4시간동안 10분 간격으로 1분간씩 200Lux로 24회 조명하거나 50Lux로 2분간씩 48회 조명하는 방법을 교호조명법이라 한다.

암기중단에 가장 효과적인 광은 660nm 부근의 빨간색이며, 적색광을 조사한 다음 730nm 부근의 원적색광(far-red light)을 조사하면 적색광의 효과가 없어진다. 광주반응은 피토크롬이라고 하는 단백질을 수용체로 해서 유도되는 광형태형성(photomorphogenesis) 현상의 하나로 볼 수 있다.

광주반응은 화아형성 이외에도 장일 하에서는 줄기 신장이 촉진되거나 잎이 발달하며, 단일 하에서는 줄기 신장이 억제되고, 괴근 형성이 촉진되며, 눈 휴면이 유도되고, 안토시아닌의 생성이 촉진된다.

19

화훼는 대기환경에 민감하다

화훼의 생장에 영향을 미치는 대기(atmosphere)환경으로는 온도, 상대습도, 바람, 대기조성 등의 기후요인을 들 수 있다.

온도

온도는 광합성속도의 조절뿐만 아니라 호흡 등의 대사활동, 휴면과 개화 등의 생리작용에 큰 영향을 미친다. 온도에 대한 반응성과 온도요구도는 식물에 따라 차이가 크며, 생활환의 각 과정에는 종 또는 품종 특유의 세 한계온도인 최저온도(minium temperature), 최적온도(optimum t.), 최고온도(maximum t.)가 있다. 식물은 최적온도에서 가장 잘 자라며 최저 및 최고온도의 한계를 넘어서면 생리장해를 받게 되고, 더 이상 온도가 내려가거나 올라가면 죽게 된다.

호흡

호흡(respiration)이란 식물이 산소를 흡수하여 탄수화물을 분해시켜서 이산화탄소를 식물체 외부로 방출하는 가스의 교환 현상임과 동시에 식물체가 이용할 수 있는 생물에너지인 ATP(adenosine triphosphate)가 생성되는 현상으로, 이 과정에서는 대사에 필요한 물도 만들어진다. 그러므로 온도가 높으면 호흡속도(respiration rate)가 빨라져서 탄수화물의 소비가 많아지고, 반대로 온도가 낮으면 호흡속도가 느려지고 탄수화물의 소비가 적어진다.

온주성

기온의 변화는 매일 바뀌는 일변화와 일년을 주기로 변화하는 연변화로 대별한다. 밤과 낮의 온도가 같을 때보다 밤의 온도가 낮을 때 생장이 양호한데, 이와 같이 기온의 높고 낮은 주기에 의해 생육이 달라지는 현상을 온도주기성(thermoperiodicity)이라고 한다. 주요 화훼류의 최적온도는 종에 따라 다르다. 화훼의 생육은 일반적으로 주간온도가 15~25℃이고, 야간온도는 10~20℃로 주간온도보다 낮을 때 양호하지만, 아프리칸바이올렛은 반대로 주간온도가 18~20℃이고 야간온도가 23~25℃로 높을 때 잘 자란다.

튤립의 예를 보면, 화아분화는 17~20℃에서, 발근은 9℃에서, 잎과 꽃봉오리의 신장 준비는 8~9℃에서, 잎과 꽃봉오리의 신장은 13~23℃에서, 개화는 23~25℃에서 최적이다. 이와 같이 튤립은 발육단계에 따라 최적온도가 각기 다르기 때문에 정상적인 생육과 개화를 위해서는 일 년을 주기로 하는 온도 변화가 필요하다. 최근에는 이 개념을 확대하여 생활환의 특정 시기에 특정 온도가 요구되는 성질을 온주성이라고 한다. 춘화, 화아형성과 개화, 휴면과 로제트의 유도와 타파 등을 예로 들 수 있다.

춘화

춘화(vernalization)란 저온의 후작용(after effect)으로 화아분화가 일어나는 현상을 말하며, 발아가 시작된 최아종자(pregerminated seed)나 일정의 생육기간을 경과한 식물체가 연속적인 저온에 의해 화아형성이 유도 또는 촉진되는 현상을 말한다. 저온에 감응하는 발육 단계에 따라 종자춘화와 식물체춘화로 나눈다.

종자춘화형(seed vernalization type)으로는 스위트피, 스타티스 등이 있으며, 식물체춘화형(plant vernalization type)으로는 스톡, 로나리아, 종꽃, 물망초, 구근아이리스 등이 있다. 저온의 감응 부위는 줄기나 뿌리의 선단부에 있는 정단분열조직으로 알려져 있으며, 춘화는 대개 0~15℃의 저온에서 1~수개월간 처리한다.

또 춘화처리를 받은 식물체가 30℃ 전후의 고온과 만나면 춘화 효과가 없어지는 경우가 있는데, 이것을 탈춘화(devernalization)라고 한다. 스타티스는 30℃에 5일간 두면 탈춘화한다.

화아분화

대부분의 화훼류는 화아분화에 필요한 온도 범위가 넓은 편이지만 그렇지 않은 경우도 있다. 이 경우는 춘화와 달리 온도가 화아분화에 직접적으로 작용한다고 할 수 있다. 튤립은 수확 후 17~20℃에서 저장하면 꽃눈의 분화가 촉진되며, 심비디움은 13~18℃, 노빌계 덴드로비움은 10~15℃, 팔레놉시스는 17~20℃가 화아분화의 최적온도 범위이다. 이보다 높거나 낮은 온도에서는 꽃눈의 분화가 일어나지 않거나 지연된다. 이로 인해 여름철 고온기 때에는 온도가 낮은 고랭지에서 꽃눈의 분화를 촉진하고 가을에 평지로 옮기는 산에서의 재배나 온실을 이용하는 냉방(cooling)재배가 실용화되고 있다.

휴면타파

나팔나리와 프리지어는 고온에서 휴면이 유도되는 한편, 휴면타파 역시 고온인 30℃에서 각각 5주 및 12주간 처리함으로써 이루어진다. 달리아는 단일에서 휴면이 유도되고, 0℃에서 40일간의 저온처리로 휴면이 타파된다. 또 온대원산의 화목류인 능수조팝나무 등의 눈도 저온에서 휴면이 타파된다. 화목류의 촉성 시에는 자연의 저온에서 휴면을 타파하지만, 개화를 보다 촉진하기 위해서는 냉장고에서 저온 요구량을 충족시킨 다음 가온한 온실에서 개화시키는 방법이 실용화되고 있다.

유스토마, 마가렛, 아킬레아 등은 고온에 의해 휴면의 일종인 로제트가 유도되지만, 국화, 숙근안개초 등은 고온 경과 후의 저온 · 단일 조건에서 로제트화하며, 로제트는 저온에 의해 타파된다.

휴면 유지

저온 또는 고온 하에서 화훼의 생장 및 분화를 일시적으로 정지시켜, 즉 휴면을 유도하여 개화시기를 조절할 수 있다. 대부분의 구근류나 숙근류는 저온이나 고온 하에 두면 휴면이 타파되지만 휴면타파와 무관한 온도에서는 휴면 상태가 계속된다. 이러한 원리를 이용하여 휴면타파에 고온을 요구하는 프리지어를 2℃에서 저장하면 휴면 상태가 계속된다. 작약 등을 억제재배할 때는 꽃눈이 휴면 중일 때 -2℃에서 꽃눈의 발육을 정지시킨다. 네덜란드에서는 튤립의 억제재배를 위해 화아가 완성된 구근을 9℃에서 발근시킨 후 -2℃에서 장기간 저장하면서 적당한 시기에 해동(defrosting)해서 개화시킨다.

초장 조절

분화류의 초장조절을 위해 주 · 야간 온도차이, 즉 DIF(difference between day temperature and night temperature)를 이용하는 기술이 개발되고 있다. DIF란 주간온도에서 야간온도를 뺀 수치로 표현하는 밤과 낮의 온도 차이를 말한다. 주간온도가 야간온도보다 높을 때는 +DIF, 주간온도가 야간온도보다 낮을 때는 -DIF, 주야 간의 온도가 같을 때는 0 DIF라고 한다. 자연 상태에서의 온도조건은 +DIF이다. 절간의 신장은 +DIF에서 촉진되며 -DIF에서 억제된다. 이 기술은 분화의 생장억제에 유용하지만 경비 문제로 일부 화훼류에만 적용되고 있다.

생리장해

생장 한계를 넘는 저온이나 고온 하에서는 식물이 고사하지만, 죽음에까지 이르지 않는 온도라 하더라도 여러 가지 생리장해가 발생한다. 한국의 여름철 기후는 고온이기 때문에 유럽의 시원한 지역에서 육성된 종이나 품종은 한국에서 고온 장해를 일으키기 쉽다.

고온 하에서는 증산, 호흡, 광호흡의 증가 등에 의해 광합성에 의한 건물(dry matter) 생산이 저하하고, 줄기 신장의 불량, 개화 지연, 꽃의 소형화, 화색의 퇴색이 일어나기 쉽다. 이외에도 국화에서 관생화(proliferated flower), 프리지어에서 저두위개화(gladioli-like flower), 스톡에서 블라스팅, 숙근안개초에서 수술의 꽃잎화(petaloidy) 등이 일어난다. 유스토마와 스타티스의 육묘 중에는 고온에 의해 각각 로제트화와 탈춘화가 일어나기도 한다.

저온에 의해서는 장미의 블라인드와 불헤드(bull head), 국화의 노심화(open center) 등이 발생하며, 카네이션의 악할(calyx splitting)은 저온이나 변온에 의해 나타난다.

상대습도

상대습도(relative humidity, RH)는 공기 중에 있는 수분을 말하는 것으로, 식물의 생육에는 60~70%가 적당하다. 장마철에는 상대습도가 거의 100%이고, 건조가 계속될 때에는 상대습도가 20~30%대로 떨어진다. 상대습도가 높으면 병충해의 발생이 많아지고 증산이 억제되어 양수분의 이동이 지장을 받게 된다. 반면 상대습도가 낮으면 수분 스트레스에 의해 광합성속도가 낮아지는 것은 물론이고 생육이 불량하게 된다.

바람

광합성이 충분히 이루어지기 위해서는 잎에서 이산화탄소를 충분히 흡수해야 하며, 이를 위해서는 적당한 바람이 필요하고 기공이 열려 있어야 한다. 바람이 불면 증산도 동시에 촉진되므로 바람이 지나치게 강하면 잎의 수분이 감소하고 그 결과 기공이 닫히게 된다. 이런 조건 하에서는 광합성속도가 오히려 감소하게 된다. 식물체 내의 수분 상태는 토양에서 식물을 거쳐 대기로 흘러가는 물의 이동 속도에 의해 좌우된다. 수분의 증산량이 많고 흡수가 적거나, 이와는 반대로 물의 흡수는 많은데 증산량이 적으면 식물은 스트레스를 받아 생육이 감소하게 된다. 그러므로 식물체 내의 수분함량은 적당량이 일정하게 유지되어야 한다.

대기조성

식물을 둘러싸고 있는 대기조성 물질은 질소 79%, 산소 21%, 이산화탄소 0.037%와 극미량의 기타물질로 이루어져 있다. 대기 중의 산소와 이산화탄소는 각각 식물의 호흡과 광합성에 필요한 성분으로 생물의 생명활동에 없어서는 안될 필수 성분이다.

그러나 최근에는 대기 중의 이산화탄소 농도가 점점 높아지고 있는 한편, 인구의 증가와 인간활동의 확대에 의해 대기오염(공기오염, air pollution)이 문제되고 있다. 석유 등의 연소에 의해 대기 중으로 방출되는 황산화물 등의 1차 오염물질에 의한 직접적인 피해 외에도, 1차 오염물질인 질소산화물 등이 대기 중에 집적되어 광화학반응을 일으켜 독성이 강한 2차 오염물질이 생성되기도 하고, 소위 광화학 스모그의 출현에 의해 식물이나 농작물이 피해를 입기도 한다. 대기오염은 다양한 형태로 나타나고 있으나 대기오염에 의한 가시적 피해는 식물의 종이나 품종에 따라 다르다.

1차 오염물질

1차 오염물질(pollutant)로는 이산화황 등의 황산화물, 일산화질소, 이산화질소 등의 질소산화물, 불화수소 등의 불소계 가스, 염소, 염화수소 등의 염화계 가스, 메탄, 에탄, 부탄, 에틸렌, 아세틸렌 등의 탄화수소류, 그리고 기타로는 유화수소, 일산화탄소, 암모니아 등이 있다.

이산화황에 감수성이 있는 화훼로는 아스타, 베고니아, 칸나, 센토레아, 과꽃, 국화, 콜레우스, 코스모스, 제비꽃, 제라니움, 매리골드, 나팔꽃, 백일초, 양귀비 등이 있다. 이들 화훼는 이산화황 1ppm에서 1시간이나 300ppb에서 8시간 노출되면 암녹색의 수침상(water-soaked) 반점이 생기고 마르면 회색이 되며, 엽맥 사이에 반점이 발생하거나 황화하며, 광합성이나 호흡도 저해된다.

이산화질소에 감수성이 있는 화훼로는 아잘레아, 구근아이리스, 페튜니아, 하와이무궁화 등이 있다. 이들 화훼는 이산화질소 2.5~6ppm에서 2시간이나 2.5ppm에서 4시간 노출되면, 중위엽의 엽맥 사이에 희거나 갈색의 반점이 생기거나 조기낙엽(early leaf fall) 등의 증상이 발생한다.

불화수소에 감수성이 있는 화훼로는 칸나, 시클라멘, 글라디올러스, 원추리, 히아신스, 아이리스, 튤립, 아잘레아, 단풍나무 등이 있다. 이들 화훼는 3~4ppb에서 1시간이나 0.1ppb에서 5주간 노출되면 최초 잎의 선단부에서는 급성 증상이 나타나며, 가는 잎의 살아 있는 조직과 죽은 조직 사이에는 검은 선이 생기며, 잎의 가장자리가 괴사하거나 낙엽지기도 한다. 괴사 부분은 갈색 또는 황갈색으로 변하는 등의 증상이 나타난다.

에틸렌에 감수성이 민감한 화훼로는 칼세올라리아, 카네이션, 봉선화, 매리골드, 수선, 한련화, 난초, 필로덴드론, 장미, 금어초, 스톡, 해바라기, 스위트피, 튤립 등이 있다. 이들 화훼는 에틸렌 100ppb에서 6시간 또는 5ppb에서 24시간 노출되면 꽃의 노화가 촉진되고, 꽃잎말이현상(sleepiness), 꽃잎의 탈리, 절간 단축, 봉오리 고사, 낙엽, 굴곡(curvature), 비정상 생장 등의 증상이 발생한다.

암모니아에 감수성이 있는 화훼로는 페튜니아, 해바라기 등이 있다. 이들 화훼는 암모니아 17ppm에서 4시간 노출되면 잎이 흰색화하고 잎의 가장자리에는 검은 반점과 자색의 줄무늬가 생기며, 조기낙엽 등의 증상이 발생한다.

염소에 감수성이 있는 화훼로는 장미, 튤립, 백일초, 단풍나무, 베고니아 등이 있다. 이들 화훼는 염소 100~800ppb에서 4시간 또는 100ppb에서 2시간 노출되면 엽맥 사이에 백~황갈색의 반점이 생기고 조기 낙엽된다.

2차 오염물질

2차 오염물질로는 오존, PAN, PPN, PB_2N 등의 유기과산화초산염류, formaldehyde, acrolein 등의 산화성 물질이 있다.

오존에 감수성이 있는 화훼로는 아게라텀, 아스타, 베고니아, 후크시아, 제라늄, 카네이션, 국화, 달리아, 매리골드, 라일락, 팬지, 페튜니아, 샐비어 등이 있다. 이들 화훼는 오존 1ppm에서 2시간이나 30ppb에서 4시간 노출되면 표면이 왁스 모양으로 변색하고 괴사 반점이 생기며 마르면 희거나 갈색으로 변한다. 그리고 잎이 적, 자, 흑, 갈색으로의 변색, 반점, 조기낙엽, 광합성 저해 등의 증상이 나타난다.

PAN에 감수성이 있는 화훼로는 아프리칸바이올렛, 아스터, 카네이션, 달리아, 후크시아, 봉선화, 페튜니아, 프리뮬러, 장미, 샐비어, 안개초, 해바라기 등이 있다. 이들이 PAN 100ppb에서 2시간이나 10ppb에서 6시간 노출되면 유엽의 뒷면이 금속색의 광택을 띤다. 잎이 이상적으로 생장하고 아래쪽으로 굽으며 상위엽의 선단부가 고사하고 고사 부위는 백~황갈색을 띤다.

20

화훼는 흙에서 양분과 수분을 흡수한다

토양(soil)은 식물의 생장에 매우 중요한 역할을 한다. 첫째는 식물이 바로 설 수 있도록 지탱하는 것이고, 또 하나는 식물에게 양분과 수분을 공급하는 것이다. 화훼의 생장에 영향을 미치는 토양 환경으로는 물, 토질, 토양의 pH, 무기염 등의 토양요인과 잡초, 병원균, 해충, 토양 미생물 등의 생물요인이 있다.

토양수분

관수

수분(water)은 식물체의 광합성 원료, 용매, 체제 유지, 체온 조절, 구성 성분뿐만 아니라, 화아형성, 내한성, 절화수명 등 생장과 발육에 큰 영향을 미친다. 또한 수분은 식물체의 약 90%를 차지하고 있다. 토양수분 가운데 식물이 흡수한 수분은 잎에서 증산되며, 일부 수분은 식물에 이용되지 않고 아래쪽으로 유실되거나 토양의 표면으로부터 증발한다. 토양이 함유하고 있는 수분이 부족할 때는 인위적으로 수분을 공급하게 되는데, 이것을 관수(watering, irrigation)라고 한다. 관수는 화훼 재배에 있어서 가장 기본적이면서도 가장 어려운 작업 가운데 하나로, 옛날부터 물주기 3년이란 말이 있다.

포장용수량

강우 등에 의해 토양에 수분 공급이 충분히 이루어지면 토양 아래쪽으로 유실되는 중력수와 토양 자체가 가지고 있는 흡착수를 제외하고, 토양입자 사이의 공간에 남아 있는 수분을 포장용수량(field capacity, FC)이라고 한다. 화분의 경우에는 용기용수량(container capacity)이라고 한다. 토양의 공간에 모세관 작용으로 유지되고 있는 수분을 모관수(capillary water)라고 하며, 대부분의 모관수는 식물이 이용할 수 있는 수분이다. 토양에 있는 수분은 각종 성분이 용해되어 있는 토양 용액의 형태로 존재한다.

유효수분

토양의 수분 함량이 적어지면 토양 입자가 그 표면에 수분을 흡착시키려고 하는 힘이 뿌리에서 흡수하려고 하는 힘보다 강해 식물이 마르기 시작하는데, 이것을 위조점(wilting point)이라고 한다. 토양의 수분 함량이 더욱 적어지게 되면 식물은 죽게 되는데, 이때의 수분함량을 영구위조점(permanent wilting point)이라고 한다. 포장용수량과 영구위조점 사이의 수분량을 유효수분(available water)이라고 한다.

토양수분장력

토양의 수분은 토양이 가지고 있는 수분 함량을 함수비로 나타내기도 하지만 토양이 수분을 흡착시키려고 하는 흡입압으로 표시하는 것이 일반적이다. 수분장력인 흡입력을 물기둥의 높이 h(cm)로 나타낸 수치에 대해 대수치를 취한 토양수분장력(soil moisture tension, pF)이라고 하는 개념이 있는데, 이것은 log h로 나타낼 수 있다.

pF치가 클수록 토양이 물을 흡수하려고 하는 흡입력이 크고 토양이 건조하다는 것을 의미한다. 토양의 포장용수량은 pF치로 1.8 정도이며 pF 2~3일 때의 유효수분을 가장 잘 이용한다. 따라서 관수는 pF 3 정도일 때가 바람직하다. 한편 분화용 상토의 pF치는 1.0 정도이므로 pF치가 2.0 전후일 때 관수한다.

토양공극

물로 포화된 토양을 24시간 동안 자연 배수시키면 토양 입자의 사이사이에는 공간이 생긴다. 이 가운데 작은 것은 수분으로 채워지고 큰 공간은 공기로 채워진다. 수분이 차지하고 있는 작은 공간은 모관공극(capillary pore)이라고 하며, 공기가 차지하고 있는 큰 공간은 비모관공극(non-capillary pore) 또는 함공기공극이라고 한다. 모관공극의 역할은 수분의 유지와 전달이며, 비모관공극은 통기와 배수에 관여하며 뿌리의 발달에 영향을 미친다. 분화용 상토는 비모관공극의 양이 많으면 좋다.

토양의 성질

물리성

토양의 물리적 성질인 토성(soil texture)은 통기성(air permeability), 투수성(water permeability), 유효수분의 보수력(moisture holding ability) 등에 관여하며, 토양입자(soil particle)의 크기에 따라 자갈, 모래, 가는 모래, 매우 가는 모래, 점토로 분류한다. 자갈은 입자의 직경이 2㎜ 이상인 것, 모래는 2.0~0.2㎜인 것, 가는 모래는 0.2~0.02㎜인 것, 매우 가는 모래는 0.02~0.002㎜인 것, 점토는 0.002㎜인 것을 말한다.

화훼의 경우에는 밭흙인 양토(loam)에 모래가 66.6% 함유된 사양토(sandy loam)를 많이 사용하고 있지만 난초나 만년청 등은 직경 2㎜ 이상의 입자가 큰 토양을 쓰고 있다. 분화용 상토는 피트나 부엽토 등 특수한 재료를 사용하기 때문에 일반적인 토성에 꼭 들어맞는 것은 아니다.

토양삼상

토양은 무기물과 유기물로 된 흙의 입자와 입자 사이의 공간으로 되어 있으며, 이 공간은 수분과 공기로 채워진다. 이들 가운데 토양 입자가 차지하고 있는 용적을 고상(solid phase), 수분이 차지하고 있는 부분을 액상(liquid phase), 공기가 차지하고 있는 부분을 기상(gaseous phase)이라고 하며, 이것을 합쳐서 토양삼상(three phases of soil)이라고 한다. 입단구조(aggregate structure)의 상토는 토양 입자가 커서 큰 공간이 형성되므로 이 공간은 통기와 배수에, 작은 입자 사이에 있는 공간은 수분 유지에 유용해 분화용 상토의 물리성을 양호하게 유지해 준다.

양이온치환용량

토양입자 가운데 가장 가는 점토 입자는 음전하를 띠고 있기 때문에 칼슘, 마그네슘, 칼륨, 나트륨, 암모늄, 수소 등의 양이온을 흡착한다. 이들 양이온은 토양용액 중의 다른 양이온과 교환되는 성질이 있다. 건조한 토양 100g이 가지고 있는 음전하의 수를 양이온치환용량(cation exchange capacity, CEC) 또는 염기치환용량이라고 한다. 양이온치환용량이 클수록 토양 속에 비료 성분이 많다는 것을 의미한다. 화분용 상토는 관수를 자주하기 때문에 양이온치환용량이 커야 한다. 버미큘라이트, 부식, 피트 등의 분화용 상토는 양이온치환용량이 크다.

전기전도도

토양 속에 존재하는 각 이온의 총량은 전기전도도(electric conductivity, EC)로 나타낼 수 있다. 토양의 염류 농도 판정에 이용되며, 특히 질산태질소(NO_3-N)와 상관이 높기 때문에 시비의 지표로 삼고 있다. 최적 전기전도도는 토양, 화훼의 종류, 생산시기 등에 의해 다소 다르지만 카네이션은 0.5~1.0, 국화는 0.5~0.7, 장미는 0.4~0.8 mmho/cm가 적당하다. 수치가 이보다 크면 토양 속에 양분이 지나치게 많다는 것을, 작으면 양분이 부족하다는 것을 의미한다.

pH

pH(potential of hydrogen ion)는 물의 전리항수를 기초로, 용액의 수소이온 농도를 간편하게 표시한 값을 말한다. 용액의 pH가 7일 때는 중성이며, 이보다 수치가 작으면 산성, 크면 알칼리성을 띤다. 토양 입자에 흡착 정도가 가장 큰 양이온은 수소이며, 다음은 칼슘이고, 마그네슘, 칼륨, 암모늄, 나트륨은 작은 편이다. 흡착력이 가장 큰 수소는 토양의 산성화를 야기하는 원인이 되므로 H가 많으면 토양이 산성화하게 된다. 대부분의 화훼류가 좋아하는 pH는 5.5~7.0으로 약산성에서 중성 사이이다. 철쭉, 동백나무, 아나나스 등은 산성을 좋아하며, 알칼리성을 좋아하는 화훼류는 거베라, 독일붓꽃, 스위트피 등이 있으나 그렇게 많지 않다.

생물요인

생물요인(biotic factor)이란 토양에서 살아가는 생명체, 즉 잡초, 병원균, 해충, 토양 미생물 등을 말한다. 이들 가운데에는 식물에 유익한 것도 있지만 유해한 것도 많다. 토양 속에는 다수의 미생물이 살고 있지만 미생물의 대부분은 통상 평형상태를 이루고 있다. 식물에 유용한 미생물로는 *Nitrosomonas*, *Nitrobacter*와 같은 질산화성균(nitrifying bacteria), *Azotobacter*, *Amylobacter* 등의 근투균(rhizobium), 뿌리혹박테리아(root nodule bacteria), 균근(근균, mycorrhiza) 등이 있다. 그러나 토양에 다양하게 존재하는 잡초, 병원균, 해충 등은 식물의 생장에 불리하게 작용한다.

연작장해

절화의 생산은 주로 유리온실이나 비닐하우스에서 이루어지기 때문에 염류집적 등 연작장해(injury by successive cropping)가 발생하기 쉽다. 그 원인은 시설의 주년 이용과 비료를 많이 사용하는 다비재배로 높은 생산성을 추구하기 때문이다. 연작장해의 발생 원인은 병충해 61%, 생리장해 16%, 토양물리성 불량 13%, 원인불경 10% 등이다. 국화, 카네이션, 장미 등 주요 절화의 연작 토양에서는 다음과 같은 연작장해 현상이 일어난다.

토양 병해의 발생

연작을 하면 미생물이 단순화되며, 이로 인해 유기물의 분해가 어렵게 되고 뿌리가 썩거나 토양 병해의 발생이 조장된다. 국화에서는 반신위조병, 뿌리부패선충, 카네이션에서는 위조세균병, 위조병, 뿌리혹선충, 장미에서는 근두암종병, 반신위조병, 뿌리혹선충, 뿌리부패선충 등이 발생한다. 그 원인은 뿌리 근처의 미생물이 단순화하여 정균작용(bacteriostasis)이 저하되기 때문이다.

방제대책으로는 저항성 품종 및 저항성 대목의 도입, 토양소독 등이 있다. 방제의 중심은 토양소독이며, 그 방법은 화학약품, 태양열, 증기를 이용하고 있다. 화학약품 소독은 간편한 방법이지만 최루성, 자극성, 냄새가 있어 사용 시에는 위험이 따른다. 소독기간은 2~4주이며, 클로로피크린제, 취화메틸제 등이 이용되고 있다. 태양열 소독은 생볏짚과 석회질소를 혼합하여 담수하고 토양표면을 비닐로 덮고 하우스를 밀폐하여 지온을 높게 유지하는 방법이다. 처리기간은 20일 이상이 필요하다. 증기소독은 소독 효과가 매우 높고 언제나 소독할 수 있으며, 소독 후 토양의 온도가 내려가면 곧 정식할 수 있다.

대부분의 병원균이나 해충은 60~65℃에서 30분간 소독하면 사멸된다. 소독온도가 높으면 질산화성균이 사멸함으로 인해 질산화(nitrification)가 억제되어, 암모니아태 질소나 아질산태 질소의 과잉장해가 발생한다.

이외에도 온탕소독, 담수소독 등의 방법도 있다.

생장의 저해

질산, 황산, 염소 등에 의한 염류집적, 인산 및 치환성 염기의 부영양화, 염기의 불균형, 철, 망간, 붕소, 아연 등 미량요소 결핍, 토양 물리성의 악화 등에 기인한다. 염류가 집적되면 토양용액의 수분포텐셜이 낮아지기 때문에 식물의 생육이 저해된다.

염류의 제거를 위해서는 암거배수(underdrainage)를 전제로 한 관수 또는 담수(flooding)하며, 비닐의 제거가 가능한 하우스에서는 강우 등의 자연 강수(precipitation)를 이용하거나, 온실 등의 시설물 내에서는 물의 공급을 중단하여 염류를 표층에 모은 다음 5㎝ 정도의 표토를 반출하거나, 토양을 깊이 갈아엎는 심경(deep plowing)을 하거나, 깨끗한 흙으로 객토(soil addition) 하거나, 고추 등의 청경작물(cleaning crop)을 심는 방법 등이 있다.

분화용 상토

분화용 상토는 피트모스나 이끼와 같이 단독으로 이용되는 경우도 있지만, 일반적으로 여러 종류의 용토를 섞어서 사용한다. 특히 후자를 상토(bed soil), 배합토(soil mix) 또는 배양토(culture soil)라고 한다. 분화용 상토가 갖추어야 할 조건으로는 물리·화학성이 우수하고, 가볍고, 균질이고, 가격이 싸고, 대량구입이 가능하고, 잡초와 병충해의 염려가 없고, 부패성이 약하고, 취급이 간편할 것 등을 들 수 있다.

배양토를 크게 나누면 무기질, 유기질, 광물질 재료의 3종류로 구분할 수 있으며, 광물질 재료는 대부분 인공 토양이다.

무기질 재료

① 모래

모래는 표면에 요철이 많아 대공극을 만들기 쉽다. 이로 인해 배수와 통기는 양호하지만, 보비력(nutrient holding ability)과 보수력이 낮은 단점이 있다.

② 양토

양토는 밭토양으로 물리성이 양호하고 부식질을 다소 포함하고 있다.

③ 점토

점토는 논토양으로 보수성은 양호하지만 배수성은 불량하다.

유기질 재료

① 피트

피트(peat)는 갈대, 이끼(moss) 등이 산소가 없는 혐기(anaerobic) 조건 하에서 퇴적 및 분해된 것으로 흔히 피트모스(peat moss)라고 한다. 양질의 것일수록 보수성, 통기성이 좋고, 전기전도도가 높다. 그러나 피트모스는 산성의 유기물로서 공간이 많으나 기상의 비율이 상대적으로 낮기 때문에 배수가 불량하다. 병해충이나 잡초 종자의 염려가 없으며 무게가 가벼워 취급하기 쉽다. 베드 개량용 자재, 분화용이나 육묘용 상토 등으로 이용되고 있다.

② 수태

수태(물이끼, sphagnum moss)는 이끼류를 건조시킨 것으로 가벼우며 pH는 4.2~4.5의 산성이다. 보수성과 통기성이 양호하다. 난초과 식물이나 관엽식물 등의 분화용 상토, 취목이나 묘목 수송 시의 보습자재, 삽목용토, 미세종자(fine seed)와 포자(spore)의 파종용 상토 등으로 이용되고 있다.

③ 부엽토

부엽토(leaf mold)는 낙엽이 퇴적 분해된 것으로 부식(humus) 함량이 높고, 배수성과 보수성이 양호하다.

④ 훈탄

훈탄(carbonized chaff)은 왕겨(hull)를 300℃의 전기로에서 2시간 정도 탄화처리한 것이다.

⑤ 수피

수피(bark)는 나무껍질을 분쇄한 것으로 탄소/질소(C/N)율이 500 정도로 매우 높다(탄소 : 질소 = 50 : 0.1). 일반 토양의 질소 함량은 10 정도이므로 화훼는 질소 결핍을 일으키기 쉽다. 또 유해물질이 나오기도 하기 때문에 계분(chicken manure)과 질소 비료의 일종인 유안(황산암모늄)을 첨가하여 C/N율이 50 정도 되도록 조절하여 1~2개월 간 퇴적한 다음 사용한다.

광물질 재료

① 질석

질석(vermiculite)은 직경 2~3㎜로 운모와 같은 규산염 토양을 1,000℃에서 단시간 구워서 부순 것으로, 공간이 많고 모래의 1/15 정도로 가벼우며, 통기성, 투수성, 보수성이 양호하고 병충해의 염려가 없고 전기전도도 또한 크다.

② 펄라이트

펄라이트(perlite)는 화산암의 일종인 진주암을 1,000℃에서 급속히 구워 분쇄한 것으로 공간이 많고 가볍다. 통기성과 투수성이 양호하고 병충해의 염려가 없다. 보수성은 좋은 편이지만 버미큘라이트보다는 떨어지며, 전기전도도는 매우 낮다. 펄라이트의 pH는 7.0~7.5로 피트모스와 섞어서 쓰면 약산성화할 수 있다. 파종, 삽목용토, 묘목과 구근의 저장용 충전물 자재로서 이용되고 있다.

③ 락울

락울(rockwool)은 천연석을 약 1,500℃의 열로 녹여 섬유 모양으로 딱딱하게 정형화한 것이다. 분해가 어려워 친환경적이지 못하다.

④ 하이드로볼

하이드로볼(hydroball)은 점토를 800℃ 전후의 온도에서 구운 것으로 다공질로 가볍다. 주로 난초과 식물의 화분용 상토로 이용되고 있다.

이외에도 땅콩껍질, 퇴비(farmyard manure), 톱밥(sawdust), 왕겨, 연탄재(briquette ash), 목탄(숯, charcoal), 화분조각, 제올라이트(zeolite), 자갈, 플라스틱류 등이 이용되고 있다.

상토의 배합

분화용 상토는 밭흙, 논토양, 퇴비, 부엽토 등을 배합한 토양배양토(soil compost)를 주로 사용해 왔다. 이들 배양토는 토양의 물리 · 화학성이 변화하기 쉬우므로 분갈이(repotting)를 할 때에는 새로운 용토를 보충해서 큰 화분으로 옮기는 재배법을 채택해 왔다. 이와 같은 재배법은 관리가 복잡하고 경험이 필요하며 기업적인 대규모 생산이 곤란하다.

유럽이나 미국에서는 오래전부터 값이 싸고 대량 입수가 가능하며 토양의 물리 · 화학성이 변화하지 않고 기업적으로 대량 생산할 수 있는 무균의 소재를 이용한 표준배양토(standard compost)를 사용하고 있다. 최근의 표준배양토는 피트모스, 버미큘라이트, 펄라이트 등과 같은 무토양배양토(soilless compost)를 조합하는 방향으로 개발되고 있으며, 무토양배양토는 비료분이 적어 계획적인 시비가 가능하고 가볍고 균질이며 토양소독이 필요하지 않은 장점이 있다.

양분

필수원소

식물은 90%의 수분과 10%의 고형물(solid matter)로 이루어져 있다. 고형물은 또 90%의 섬유질, 당, 단백질, 지질 등의 유기물과 10%의 무기물로 이루어져 있다. 무기물로는 공기 중에 있는 이산화탄소의 탄소와 토양수분에서 유래하는 수소와 산소가 있고, 토양으로부터 흡수하는 질소, 인, 칼륨, 칼슘, 황의 다량원소(macroelements)가 있으며, 이들은 필수원소(essential element)라고 한다. 양분의 표시방법은 P_2O_5, K_2O 등 산화물로서 표시하는 것이 일반적이다. 질소는 잎, 인산은 꽃, 칼륨은 줄기의 비료라고도 하며, 가장 중요한 비료 성분이다. 망간, 철, 붕소, 아연, 몰리브덴, 구리, 염소는 미량원소(microelements)라고 한다.

시비

무기물이 토양 속에 충분히 존재할 때는 식물이 건강하게 자랄 수 있지만 무기성분이 부족할 때는 인위적으로 양분을 공급해 주어야 한다. 식물영양에 제공할 목적으로 식물 또는 토지에 공급하는 물질을 비료(fertilizer)라 하고, 비료를 공급하는 행위를 시비(fertilizing)라고 한다. 질소, 인산, 칼륨, 칼슘, 마그네슘의 5요소는 보통 비료로서 시비하고 나머지는 극히 모래질이나 알칼리성 토양, 그리고 양액재배할 때에만 공급한다.

배추, 무, 토마토 등의 채소류, 과실류, 곡류의 경우에는 건물중으로 그 가치를 평가한다. 하지만 화훼는 관상식물이기 때문에 건물중보다도 줄기와 꽃의 균형(shoot-flower balance), 화색 등 품질이 더욱 중요한 요인이 되기 때문에 일반 식물과는 시비의 기준이 다르다.

흡수 특성

식물체가 어떤 성분을 어느 정도 흡수했는가를 알기 위해서는 뿌리, 줄기, 잎 등에서 각 성분의 함유율과 흡수량을 측정한다. 화훼의 경우에는 종류와 재배방법이 다양하여 그 기준이 명확하지 않다.

절화의 양분 흡수량(kg/a)은 대개 질소 2.04, 인산 0.67, 칼륨 3.28, 칼슘 1.51, 마그네슘 0.47이다. 화훼의 종류에 따라서는 재배방법, 재배기간, 생육량, 채화본수 등이 크게 다르기 때문에 종류 간 양분의 흡수량이 크게 다르다. 흡수량은 생육량에 비례하며, 카네이션, 장미 등 채화기간이 길고 채화본수가 많은 종류에서 많다. 분화 1주당 평균 흡수량(g/주)은 질소 0.97, 인산 0.32, 칼륨 1.13, 칼슘 0.97, 마그네슘 0.27이지만, 종 또는 품종 간 차이가 크다. 식물체의 크기가 큰 종류는 양분의 흡수량이 많고 칼세올라리아와 같이 소형인 종은 흡수량이 적다.

화훼류의 대부분은 인산에 비교하여 칼륨의 흡수량이 많다. 종류에 따라 다르지만 각 양분의 평균 흡수비는 질소 100에 대하여 인 32, 칼륨 159, 칼슘 73, 마그네슘 28이다.

생리장해

양분의 결핍에 의해 나타나는 화훼의 생리장해(physiological disorder) 현상에는 토플, 줄기꺾임, 황화, 괴사, 잎마름 등이 있다.

토플(stem topple)은 칼슘 결핍이 원인이며, 튤립 화경의 상위 부분이 수침상으로 변색하고, 이후 이 부근에서 줄기가 휘고 시들며 꽃의 무게에 의해 결국은 줄기가 굽고 꺾이는 현상이다. 토양의 pH가 5 이하의 산성토양에서 발생하기 쉬우며 촉성재배할 때 흔히 나타난다.

줄기꺾임 현상은 붕소 결핍에 의해 발성되며, 튤립이 개화할 때 꽃목에 금이 생기고 꽃이 붙은 채 꺾인다. 이외에도 화색의 변색이나 꽃잎이 말리는 현상도 있다. 튤립 구근을 생산할 때 연작에 의해 흔히 나타난다.

황화(chlorosis)현상은 엽록소의 구성 요소인 마그네슘과 엽록소의 생성과정에 필요한 철과 망간의 결핍에 의해 발생한다. 결과적으로 엽록소의 감소 또는 소실에 의해 잎이 황화 또는 황백화되는 현상이다. 질소 결핍은 아래쪽 잎부터 황화한다. 장미의 절화재배 시에 영양관리가 적절치 못하면 많이 발생한다.

괴사(necrosis)는 식물 조직의 일부가 변색하고 죽는 현상으로, 칼륨이나 칼슘결핍에 의해 잘 나타난다. 양분 결핍뿐만 아니라 병원균, 대기오염, 불완전연소 등도 그 원인이 된다. 또 처음에는 잎의 가장자리나 엽맥에서 황화하지만 나중에는 괴사로 발전하는 경우도 있다. 동백은 엽신의 중앙부가 괴사한다.

잎끝마름(tip burn)현상은 칼슘 부족에 의해 나타나며, 건조 등에 의한 뿌리 장해로 칼슘의 흡수가 불가능할 때 발생한다. 나리, 유스토마 등에서 발생하는 연부병의 증상을 말하며, 고온 하에서 생육이 빠를 때 많이 나타난다. 그러나 이것은 체내에서 칼슘의 이동이 잘되지 않기 때문이다. 인산이 잎의 선단부에 과다 집적되어 잎 선단부가 고사하는 현상도 잎끝마름이라고 한다.

이상에서와 같이 식물의 생장은 주변 환경의 영향을 크게 받고 있다. 식물과 환경과의 관련 메커니즘을 해명하고 이것을 식물의 생육에 적합하도록 재구성할 필요가 있는데, 이러한 재구성 수법을 재배기술이라고 한다. 화훼를 잘 기르기 위해서는 화훼를 둘러싸고 있는 주변 환경에 대한 이해가 선행되어야 할 것이다.

제8부

화훼의 품질과 수명

21. 화훼는 고품질이어야 한다

22. 절화는 왜 빨리 시드는가

23. 절화의 수명은 연장시킬 수 있다

21

화훼는 고품질이어야 한다

화훼가 갖는 문화적, 기호품적, 그리고 국제적인 의미는 꽃의 고품질화를 추구하게 된다. 화훼는 품질에 따른 가격의 차이가 크다. 한국은 화훼의 등급별 가격차등 제도가 제대로 시행되지 않아 저품질의 화훼가 많이 생산되고 있다. 이로 인해 우리의 수출 절화는 외국에서 저급품 취급을 당하고 제값을 받지 못할 뿐만 아니라 국내 소비자의 욕구도 충족시켜 주지 못하고 있다. 정부의 정책도 중요하지만 소비자가 품질을 따질 수 있어야만 생산자가 상품성 높은 고품질의 화훼를 생산하게 되는 것이다.

인간의 미적 감각은 식미나 미각 이상으로 복잡하다. 화훼는 종이나 품종이 다양할 뿐만 아니라 인간의 미적 감각은 변할 수 있기 때문에 화훼의 품질평가는 대단히 어렵다. 그러나 화훼의 품질은 외관, 선도, 수명 등의 3요소가 중요한 기준이 되고 있다.

절화의 품질기준

화훼의 품질구성 요소는 육안으로 판단 가능한 외적 품질, 눈으로는 판단이 불가능한 내적 품질, 유행에 지배받기 쉬운 사회적 요소로 이루어져 있다. 외적 품질과 내적 품질은 시대나 지역이 달라도 비교적 변동이 적은 기본적인 품질인 데 비해, 사회적 요소는 그 시대의 유행이나 경제 사정에 따라 움직이기 쉬운 변동품질이다.

외적 품질

육안상의 아름다움인 모양은 꽃, 잎, 줄기의 상태, 전체적 균형, 체적의 3가지에 의해 주로 평가되고 있다. 외적 품질은 절화장(length of cut flower) 등 있는 그대로의 비파괴 상태에서 계측이 가능한 크기 부분, 그리고 개화단계(flowering stage)나 선도 등 계측이 불가능한 아름다움의 2요소로 구성되어 있다. 아름다움의 기준은 주관성이 강해 한마디로 이야기할 수 없지만 그 꽃의 특성을 충분히 표현하고 있어야 한다. 즉, 국화는 국화다워야 하고 장미는 장미다워야 하며 어떤 것은 부드러워야 하고, 또 어떤 것은 꽃과 잎의 균형이 맞아야 한다.

생산자 단계에서는 계측이 쉬운 길이와 무게에 의한 기준을 계급(class)으로, 또 시각에 의한 기준을 등급(grade)으로 하고, 이 양자를 합해서 품질이라고 하는 경우가 많다.

① 외관

꽃의 평가항목으로는 꽃의 크기, 수, 색깔, 개화 정도, 위조(시들음, wilting), 상처 등이 있다. 일반적으로 꽃이 크고 수가 많으면 고품질로 보며, 퇴색하거나 변색하면 품질이 떨어진 것으로 본다. 개화 정도는 채화 1~2일 후에 관상의 적기가 되는 것이 바람직하다. 시들음은 관상가치를 훼손하고 품질을 현저히 떨어뜨린다. 농약에 의한 얼룩이나 병원균, 해충 등에 의한 물리적인 상처도 없어야 한다. 잎의 평가항목으로는 시들음, 황화, 구부러짐, 상처, 괴사, 그리고 농약, 병충해, 먼지 등에 의한 오염이 없어야 한다. 줄기는 굽지 않아야 하며 꽃과 잎을 지탱할 수 있도록 강건해야 한다.

고품질 표준형(standard type) 절화의 외관(모양, appearance)을 요약하면, 줄기의 길이가 길고 구부러짐이 없으며, 꽃, 잎, 줄기의 색이 선명하고, 병에 의한 반점이나 외상과 탈리가 없고, 꽃잎이나 잎이 두껍고 시들지 않고, 줄기가 견고하여 휘기 어렵고, 잎이나 꽃의 절간이 짧아 도장(overgrowth)하지 않은 것으로 꽃, 잎, 줄기의 균형이 좋은 것이라고 할 수 있다. 스프레이형(spray type)의 절화는 꽃의 수가 많아야 한다.

② 전체적 균형

꽃과 잎의 크기와 줄기 길이가 균형을 이루어야 하며, 각 종의 특징이 충분히 표현되어야 한다.

③ 체적

체적은 일반적으로 큰 것이 바람직하지만 용도에 따라서는 작고 조밀한 것을 원하기도 한다.

내적 품질

물올림(흡수, water uptake)의 정도와 꽃의 수명은 매우 중요한 품질기준이지만 유통과정에서의 평가가 어렵다. 특히 가정용 소비가 적은 우리나라에서는 지금까지 내적 품질에 대해 중요하게 생각하지 않았다. 청과물은 양분을 측정하여 노화를 어느 정도 추정할 수 있지만 절화의 노화는 양분과 관상가치와의 관계가 명확하지 않기 때문에 양분을 품질평가의 요소로서 이용하고 있지 않다. 또 절화에서 선도가 없어지는 것은 노화뿐만 아니라 물 부패에 의한 도관폐쇄(vessel blockage), 에틸렌에 의한 낙화, 흡수와 증산의 불균형으로 인한 시들음 등에 기인하기 때문에 내적 요소를 중심으로 품질을 판정하기는 매우 어렵다. 그러나 내적 품질은 소비자의 욕구를 충족시킨다는 측면에서 금후 반드시 고려되어야 할 사항이다.

사회적 요소

품질은 그 시대의 복장, 인테리어, 생활정도 등 주변 환경에 민감하게 반응한다. 그리고 이들 요인은 외적 및 내적 품질에 관여하여 최종적인 품질평가라 할 수 있는 시장 가격에 큰 영향을 미친다.

캐주얼플라워의 품질기준

절화는 고품질 고가격 유통체제 하에서 상거래가 이루어져 소비 확대에 어려운 점이 있었다. 그 타개책으로 탄생된 것이 캐주얼플라워(casual flower)이다. 이것의 특징은 초장이 짧아도 좋으며, 어느 정도의 체적이 있고, 가격이 싸고, 신선도가 있고, 병충해가 심하지 않고, 꽃의 크기나 개화 정도가 균일하지 않아도 되고, 품목에 따라 다르지만 가정에서 1주일

정도 관상할 수 있는 것 등이다. 이와 같은 개념은 지금까지의 품질과는 다른 발상이라고 할 수 있으며, 금후 수요가 늘어날 것으로 전망된다.

분화의 품질기준

분화는 분재(bonsai)나 국화 등과 같이 오랜 역사를 가지고 취미영역으로 발달한 부문, 그리고 난초, 시클라멘, 펜지 등과 같이 대량 생산되어 영리품목으로 발달한 부문으로 대별할 수 있다. 전자는 애완물로서 즐기는 것이 중심이며, 수령이나 품종이 갖는 진기성 등 동호인끼리 통용되는 품질평가에 기준을 두고 있어 보편성이 떨어지는 특징이 있다. 후자는 상품으로 발달해왔기 때문에 품질평가의 기준은 절화와 비슷한 점이 많다.

분화의 품질평가는 화분의 크기, 잎의 모양과 색, 개화의 정도, 꽃의 배열상태, 전체적 균형, 수명 등을 중심으로 하고 있지만 무엇보다도 화분과 잎, 줄기, 꽃의 균형, 그리고 강건함이 중요시되고 있다.

외적 품질

분화는 유통과정에서 고급품 취급을 받는다 하더라도 소비자가 개인적인 기호도에 따라 하급품으로 볼 수 있으며, 종류가 많기 때문에 평가기준은 사정에 따라 다를 수도 있다. 유통과정에서 평가되고 있는 국화와 장미의 예를 보면, 국화는 초장, 줄기 굵기 등의 양적 형질(quantitative character)과 줄기, 잎, 꽃의 균형이 가격 형성에 영향을 미치는 데 비해, 장미는 초장, 줄기의 굵기 등의 양적 형질과 화색, 개화정도 등의 질적 형질(qualitative character)이 가격 형성에 큰 영향을 미치고 있다.

내적 품질

내적 품질은 외관적인 양적 형질과의 상관이 낮을 뿐만 아니라 상관이 높은 다른 요인이 없기 때문에 적당한 평가방법이 없다. 현재로서는 출하일을 용기에 명시하여 소비자에게 전달하는 길밖에 없다. 분화도 공산품과 같이 관상기간을 설정하여 꽃의 선도를 보증하는 시기가 오고 있다. 소비자는 가격과 관상기간으로 분화를 평가하기 때문이다.

절화의 등급기준

화훼류는 기호품적인 성격이 강하고 국민성이나 국가별 화훼장식의 형태가 다양하기 때문에 품질을 결정하는 등급의 기준도 나라에 따라 크게 다르다. 절화의 표준등급은 가격의 결정과 국제적인 상거래에 매우 중요하므로 기본적인 표준이 나라별로 확립되어 있다.

유럽 기준

유럽에서는 외관과 줄기의 길이에 따라 등급을 분류하고 있다. 외관에 따라서는 특등급, 1등급, 2등급으로 구분한다. 특등급이 갖추어야할 조건은 꽃의 품질이 최상일 것, 이물질이 없을 것, 꽃의 발육단계가 적당할 것, 줄기가 강하고 견고할 것, 종 또는 품종의 특성이 충분히 나타날 것 등이며, 약간의 결점은 3% 이내에서 허용된다. 1등급은 특등급과 거의 같지만 꽃의 품질이 양호하고 줄기가 견고한 것으로, 약간의 결점은 5% 이내에서 허용된다. 2등급은 최소한의 요구 조건을 충족시키고 화훼장식에 유용한 것으로, 약간의 결점은 10% 이내에서 허용된다.

줄기의 길이에 따라서는 12단계로 구분한다. 화경장이 20㎝ 이하일 때에는 5㎝ 간격으로 4단계로 나누며, 최고와 최저길이의 차이를 2.5㎝까지 허용한다. 화경장이 20~60㎝ 사이일 때는 10㎝ 간격으로 4단계로 구분하며, 각 화경장의 차이는 5㎝까지 허용한다. 화경장이 60~120㎝ 사이와 120㎝ 이상일 때는 20㎝ 간격으로 4단계로 구분하며, 각 화경장의 차이는 10㎝까지 허용한다. 화경장이 길수록 가격이 비싸지만 화경장이 5㎝ 이하의 매우 짧은 절화도 유통되고 있다. 이와 같은 등급기준이 일반적으로 적용되고 있지만 품목에 따라서는 그 특징을 고려하여 등급기준을 달리 적용하기도 한다.

유럽의 절화 등급기준은 동일한 크기의 절화를 하나의 코드로 묶어 분류하고 있으며, 등급기준은 주로 특등급, 1등급, 2등급의 세 등급으로 분류하는 것이 특징이라고 할 수 있다.

미국 기준

미국에서의 등급기준은 화경장(length of flower stalk)이나 꽃의 직경을 나타내는 화경(flower diameter)이 고려되어 있어 유럽보다는 그 기준이 다소 강화되어 있다. 그 특경은 품목에 따라 3~4등급으로 분류하며, 화경장이나 화폭 이외에 개화의 정도도 고려하고 있다. 특히 글라디올러스나 금어초 등과 같은 수상화서의 절화는 화서장(length of inflorescenc), 소화의 수, 무게 등을 고려하여 등급화하는 것이 유럽의 기준과 다른 점이다.

일본 기준

일본의 기준은 외관에 의하는 등급과 화경장에 의하는 계급으로 구성되어 있다.

① 등급기준

등급 기준은 꽃, 잎, 줄기의 균형, 화색, 병충해, 상처, 채화시기 등을 고려하여 각 항목별로 수, 우, 양의 3단계로 구분한다.

꽃, 줄기, 잎의 균형은 구부러짐이 없고 균형이 매우 잘 잡혀 있으면 수, 구부러짐이 없고 균형이 잘 잡혀있으면 우, 우 다음인 것은 양으로 평가한다. 화색은 품종 본래의 특성을 갖추어야 하며, 화형과 화색 모두가 매우 양호하면 수, 화형과 화색 모두가 양호하면 우, 화형과 화색 모두가 우 다음가는 것은 양으로 평가한다. 병충해는 없는 것을 수, 병충해가 거의 없는 것을 우, 병충해가 약간 있는 것은 양으로 평가한다. 상처 등은 일소(sunscald), 약해(chemical injury), 상해(wounding) 등이 없는 것이면 수, 일소, 약해, 상해 등이 거의 없는 것이면 우, 일소, 약해, 상해 등이 약간 있는 것이면 양으로 평가한다. 수확(harvesting)은 수, 우, 양 모두 개화적기일 때 하여야 한다.

② 계급(규격)기준

계급기준은 화경장을 중심으로 품목에 따라 1~5등급으로 구분한다.

일본의 기준은 세계에서 가장 까다롭다. 하지만 생산이나 유통과정에서

이 기준이 잘 지켜지고 있어 일본 절화의 품질은 세계 최고이고, 그것을 생산자나 소비자 모두 자랑스럽게 생각하고 있다. 이것은 수입 절화의 비중을 낮추고 일본의 절화 산업을 성장시킨 원동력이 되어 왔다. 또 일본에서는 고품질 절화와 저품질인 캐주얼플라워와의 양분화가 명확하게 진행되고 있다.

한국 기준

한국에서는 품위기준과 화경장을 고려하여 절화를 등급화하고 있다. 품위기준은 품종 고유의 특성, 초세, 전체적 조화, 병충해, 농약살포 흔적 등에 의해 특, 상, 보통으로 평가하며, 화경장에 따라서는 1~4등급으로 구분한다.

① 품위기준

색깔과 모양 등 품종 고유의 특성이 뛰어나면 특, 색깔과 모양 등 품종 고유의 특성이 양호하면 상, 상에 미달하면 보통으로 평가한다. 초세는 줄기가 굵고 구부러짐이나 손상이 없는 것을 특, 줄기가 굵고 구부러짐이나 손상이 거의 없는 것을 상, 그 이하의 것은 보통으로 평가한다. 전체적 조화는 꽃, 잎, 줄기의 균형이 완전한 것을 특, 꽃, 잎, 줄기의 균형이 잘 잡힌 것을 상, 그 이하의 것은 보통으로 평가한다. 병충해가 없는 것을 특, 거의 없는 것을 상, 약간 있는 것을 보통으로 평가한다. 농약의 살포 흔적이 없으면 특, 거의 없으면 상으로 평가한다. 기타로는 적기에 수확된 것으로 약해 및 일소피해가 없는 것을 특, 약해 및 일소 피해가 거의 없는 것을 상, 약해 및 일소 피해가 약간 있으면 보통으로 평가한다.

② 등급기준

등급기준은 화경장을 기준으로 1~5등급으로 분류하며, 글라디올러스 등은 소화의 수를 고려한다.

한국의 절화 등급기준은 일본 다음으로 까다로운 편이지만 유통과정에서 그 기준이 제대로 시행되지 않고 있다. 이로인해 국내산 절화는 품질을 외면한 채 저품질의 수량 위주로 생산되고 있다. 이러한 상태가 계속되면 금후 외국에서 생산된 저품질의 값싼 수입 절화에 의해 국내산 절화의 시장 점유율이 떨어지지 않을까 염려된다.

분화의 품질기준

분화는 뿌리가 있기 때문에 유럽을 예외로 하면 국제간 무역이 자유롭게 이루어지지 않고 있으며 의무적인 표준기준도 없다. 그러나 많은 나라에서 국내에 적용하기 위한 원칙을 확립하고 있지만 현재로서는 권장사항 정도이다. 표준기준 작성 시의 고려사항은 아프리칸바이올렛, 글록시니아, 시클라멘, 국화 등은 식물체와 화분과의 균형, 아잘레아는 관부(crown)의 직경과 꽃봉오리의 수, 국화는 초장과 꽃의 수, 잎과 꽃의 색, 상해, 노화 등의 외적 품질, 관엽식물 등은 보존기간, 즉 내적 품질 등이다.

소비자 입장에서는 관상기간이 매우 중요한 품질 특성이 된다. 도매업자들에 의한 순화의 정도를 평가하기는 어렵지만 최종 소비처에서 관상기간이 짧게 되면 분화의 수요는 감소하게 된다. 사업은 결국 구매자의 신뢰와 반복적인 판매에 달려 있기 때문이다.

22 절화는 왜 빨리 시드는가

절화는 뿌리 없는 식물이라고 할 수 있다. 뿌리의 기능은 식물체를 지탱하고 양분과 수분을 흡수하는 것이다. 절화는 뿌리가 없기 때문에 절화를 지탱시켜 줄 침봉, 꽃병, 플로랄폼 등의 보조물이 필요한 한편, 양분과 수분의 흡수는 뿌리가 아닌 절화의 절단면을 통해 이루어지므로 흡수가 용이치 못하다. 이로 인해 수분의 증산은 많고 흡수는 적어 수분균형이 잘 이루어지지 않는다. 또한 절화의 이용 장소가 주로 실내의 음지로 고온이기 때문에 광합성산물인 당이나 양분 등의 필요한 물질이 생성되지 않고, 호흡에 의한 양분의 소비가 크다. 따라서 절화는 흙에서 자라고 있는 정상의 식물체보다 수명이 짧게 되는 것이다.

절화수명(vase life)은 종이나 품종에 따라 많은 차이가 있을 뿐만 아니라, 같은 종이나 품종이라 하더라도 광, 온도, 양분, 수분, 상대습도, 병충해, 대기가스 등의 재배환경(growing environment)은 물론이고 꽃의 발육단계, 수확시간, 수확방법(harvesting method), 그리고 수분, 온도, 습도, 광, 에틸렌 등 수확 후 환경(postharvest environment)에 따라서도 크게 좌우된다.

화훼의 관상부위는 주로 꽃이기 때문에 꽃잎의 노화 여부는 화훼의 품질을 결정짓는다고 할 수 있다. 꽃잎의 노화 증상으로는 위조, 말림, 낙화, 낙엽, 퇴색, 변색 등 종에 따라 다양하게 나타난다. 특히 화색의 변화는 절화수명의 종료를 판단하는 중요한 기준이 되고 있다.

수분

절화의 선도, 즉 품질을 유지하기 위해서는 절화 내의 수분 균형을 적당하게 유지해 줄 필요가 있다. 절화의 수분균형은 흡수량과 증산량의 차이에 의해 결정되며 증산량과 흡수량이 같을 때 수분이 평형을 이루게 된다.

수분생리의 특징은 식물체가 토양-식물-대기의 연속계를 갖는 데 비해, 절화는 물-절화-대기의 다른 연속계를 가지고 있다. 이것의 특징은 토양 속에서 뿌리를 뻗고 있어야 할 식물체가 뿌리를 잘린 채 물속에 있다는 점이다. 이러한 환경의 특징은 식물체의 수분생리와는 몇 가지 다른 점이 있다. 그것은 용기 속의 수분포텐셜이 대단히 높고, 물의 이동저항이 거의 없으며, 뿌리저항이 없고, 도관이 물속 또는 공기 중에 노출되어 있으며, 에너지를 사용하지 않는 수동적 방법에 의해 흡수되고, 줄기의 통도저항이 시간의 경과와 함께 증가한다는 것이다. 식물체와 같은 점은 꽃잎이 커지거나 벌어지면 증발과 증산량이 증가하며, 꽃잎의 수분손실은 기공에 의해 거의 제어를 받지 않는다는 점이다.

물의 이동

수분포텐셜은 절화의 선도 유지와 깊은 관련이 있다. 물의 수분포텐셜은 절화보다 높기 때문에 물이 절화 속으로 들어가게 되고 절화의 생명이 유지되는 것이다. 이와 같은 상태가 계속되지 않고 세포의 수분포텐셜이 높아져 제로(0)가 되면 물의 이동은 없어지고 절화는 시들게 된다. 따라서 절화의 수분포텐셜은 항상 낮게 유지되도록 배려하여야 한다.

세포의 수분포텐셜은 침투압과 팽압의 합계치와 비슷하다. 당은 세포 내의 침투압과 팽압 유지에 필수적인 물질이므로, 당의 공급과 소비는 절화의 시들음과 깊은 관계에 있다. 세포 내에서의 당의 소비는 침투압의 저하를 초래하고 팽압이 급속히 낮아지는 원인이 된다. 이러한 상태가 계속되면 팽압이 낮아지고 절화의 수분포텐셜은 제로에 가깝게 된다. 팽압이 감소하면 절화의 수분포텐셜이 높아지므로, 즉 제로에 가까워지므로 시들게 된다.

절화의 물올림은 수분포텐셜의 구배에 따라 일어나므로, 꽃잎이나 잎의 수분포텐셜은 줄기 기부의 수분포텐셜보다 낮아야 이상적이다. 종이나 품종이 같고 수확 후 절화의 체적 증대가 없는 경우에도 시간이 경과하면 생체중(fresh weight)이 감소하고 수분포텐셜이 높아지므로 흡수력이 감소된다. 장미 절화의 예를 들면, 충분히 물올림한 상태에서 생체중이 10% 감소하면 팽압이 거의 제로가 되어 꽃잎이 시들고 꽃목굽음 현상이 일어나기 시작한다.

도관의 통도성

물의 이동은 대부분 줄기의 도관(vessel)을 따라 일어나며, 도관의 통도성은 뿌리나 잎에 비해 훨씬 크다. 그러나 절화의 수확으로 도관이 절단되면 몇 가지 문제가 발생한다. 공기가 도관 속에 들어가는 것이 가장 큰 문제이다. 공기 중에 1시간 정도 두는 것은 줄기의 통도저항을 크게 증가시키지 않지만 건식수송 등 장시간 수분스트레스를 주면 도관 내의 물기둥이 잘리고 재흡수 후에도 물올림이 나빠진다. 이렇게 되면 줄기의 통도저항이 크게 증가하게 된다. 그리고 유관속이 미발달한 상태나 지나치게 목질화된 상태에서도 도관의 통도성은 낮아진다.

일반적으로 절화는 시간이 경과함에 따라 줄기의 통도저항이 증가하여 신선도 유지에 영향을 미친다. 그 주된 원인은 미생물, 미생물 분비물, 그리고 페놀물질, 점액질, 섬유질 등의 식물 분비물에 있으며, 물속에 있는 불순물에 의해서도 물기둥이 잘려 모세관현상이 없어지는 도관폐쇄가 일어난다. 후자의 경우에는 재절단의 효과가 크다.

수분의 통로

충분히 흡수시킨 후의 절화는 수분의 평형상태에 있다. 잎이나 꽃잎으로부터의 증산과 증발은 이 평형상태를 깨고, 새로운 평형상태를 향해 물 이동의 원동력을 주게 된다. 절화의 수분통로는 크게 봐서 두 가지 경로가 있다. 하나는 증발(evaporation)이고 또 하나는 증산(transpiration)이다. 증발은 꽃잎 표면에서 일어나는 수분 손실로 꽃잎의 표면적이나 큐티클층의 발달 정도에 영향을 받는다. 잎은 기공을 통해서 일어나는 수분 손실이다. 두 경우 모두 온도, 광도, 풍속 등의 영향을 받는다.

절화 각 기관의 노화는 대부분의 경우 관상가치가 높은 꽃잎이 잎보다 먼저 진행된다. 그 이유는 꽃잎 세포의 침투압이 잎이나 줄기 세포의 침투압보다 먼저 낮아지기 때문이다. 또 수분스트레스는 절화의 에틸렌 생성을 촉진한다는 것이 잘 알려져 있다. 절화가 관상 가치와 선도를 잃어버렸을 때의 상태는 종류에 따라 다르다. 카네이션, 숙근안개초는 꽃잎이 마르고, 달리아는 잎이 마르며, 스위트피, 델피니움은 꽃이나 꽃봉오리가 떨어지고, *Euphorbia fulgens*는 낙엽이 지며, 국화, 알스트로메리아는 잎이 황변하고, 장미, 아르메리아는 꽃목굽음 현상이 일어난다. 따라서 절화가 수분스트레스를 받지 않도록 수분 관리에 주의해야 한다.

양분

절화는 필요로 하는 양분을 공급받을 수 없다. 그럼에도 불구하고 장미가 만개(full bloom)할 때의 꽃잎 세포의 용적은 수확 당시에 비해 거의 8배 정도 증가하며, 소화가 점차 개화하는 숙근안개초나 글라디올러스는 체적이 더욱 커진다. 세포 용적의 증대가 계속되기 위해서는 세포벽의 구성성분이나 에너지의 공급 이외에도 침투압을 높게 유지하기 위한 침투물질의 첨가가 필수적이다. 일반적으로 세포의 신장은 야간, 특히 팽압이 커지는 새벽에 일어난다. 날이 밝아져서 명기가 시작되면 기공이 열리고 증산과 증발량이 증가하기 때문에 팽압이 낮아지고 세포의 체적 증대가 일시적으로 정지하게 된다. 절화의 수분과 양분상태가 양호하게 유지되면 세포의 생장, 즉 체적의 증대가 일어나고 새로운 물 이동의 원동력을 제공하게 된다.

에틸렌

에틸렌은 대부분의 꽃에서 생성되며 식물의 노화를 촉진하는 호르몬이다. 에틸렌은 산화효소를 활성화시키고, 세포막의 투과성을 증가시키고 팽압을 감소시켜 꽃잎을 시들게 하고, 세포 간의 결합력을 저하시켜 꽃잎이나 잎이 쉽게 떨어지도록 이층(abscission layer)의 형성을 촉진하고, 당의 흡수를 저하시키고, 엽록소를 분해하는 등 여러 가지 형태로 대부분의 절화에 해를 끼친다.

에틸렌의 생성과 작용은 건조, 빛, 접촉, 상처, 고온, 높은 산소 등에 의해 촉진된다. 에틸렌에 대한 민감도는 꽃의 종류에 따라 다르다.

클라이막테릭형 화훼

에틸렌에 의한 호흡의 증대와 이에 따른 물질의 소모로 노화가 급격히 진행되는 종류를 클라이막테릭형(climacteric type) 화훼라고 한다. 이러한 부류의 화훼로는 구근아이리스, 금어초, 심비디움, 델피니움, 나리, 수선, 숙근안개초, 스위트피, 알스트로메리아, 유포르비아, 카네이션, 페튜니아, 프리지어 등이 있다.

에틸렌에 민감한 종류의 품질을 유지하기 위해서는 에틸렌의 생성과 그 작용을 어떻게 억제할 것인가가 주안점이 되고 있다. 에틸렌의 생성을 촉진하는 요인으로는 건조, 고온, 광, 상처 등이 있다.

비클라이막테릭형 화훼

국화, 거베라, 네리네, 튤립, 글라디올러스, 구근아이리스, 아스파라거스, 안스리움, 원추리 등은 에틸렌에 둔감한 비클라이막테릭형(non-climacteric type) 화훼이다.

23

절화의 수명은 연장시킬 수 있다

절화의 선도를 유지하고 수명(longivity)을 연장시켜 장기간 꽃을 관상한다는 것은 매우 의미있는 일이라 할 수 있다. 선도(신선도, freshness)란 신선도, 물올림, 수명을 종합적으로 표현한 것으로, 넓은 의미에서 품질을 말한다. 하지만 선도는 화훼의 종류에 다라 문제의 요인이 다르다. 예를 들면, 국화는 수송 중에 뭉그러지는 등 신선도에 문제가 있는가 하면 카네이션은 꽃잎이 마르는 등 수명에 문제가 있으며, 장미는 신선도, 물올림, 수명 모두에 문제가 있다.

절화의 수명연장, 즉 선도 유지의 원리는 증산을 억제하고 흡수를 촉진해서 세포의 긴장 상태를 높게 유지하고, 양분을 공급해 주고, 호흡을 억제시키고, 노화호르몬인 에틸렌의 생성과 작용을 억제시키는 것이다. 절화의 수명연장법으로는 환경을 적절히 조절해 증산을 억제하면서 흡수를 촉진하고 절화보존제를 사용하는 것이다.

절화의 수명과 환경

절화의 수명에 관여하는 환경요인으로는 수확 전이나 수확 당시의 조건도 중요하지만 여기에서는 수확 후의 환경에 대해서만 언급하기로 한다.

온도

절화는 뿌리로부터 양분과 수분의 공급을 받을 수 없는 한편, 호흡기질인 당의 새로운 합성이 없고 당이 소비만 되는 특징이 있다. 고온 하에서는 꽃의 발육과 노화가 촉진되며 호흡속도 역시 빨라진다. 고온 하에서 수확된 절화를 대량 저장하면 절화 자체의 호흡열로 인해 신선도가 떨어지는 것은 물론이고 부패하기도 한다. 수확 후에는 가급적 빨리 예냉하여 체온을 낮추고 호흡을 억제하지 않으면 당의 소비는 급속히 진행된다.

예냉(precooling)이란 말 그대로 본 냉장 전에 단시간 예비냉장하는 것으로서 절화의 온도를 낮추어 호흡, 증산, 효소작용 등을 억제시켜 주는 과정이다. 예냉 방식으로는 강제통풍식, 차압통풍식, 진공식, 냉수냉각 등이 있다. 저온 하에서는 호흡속도가 감소하므로 탄수화물 등 양분의 감소가 억제되고, 에틸렌의 생성이 감소하며, 에틸렌에 대한 민감도가 저하하고, 수분손실이 감소하며, 미생물의 발생이 억제되는 등의 장점이 있다.

따라서 예냉, 저장, 수송 등의 모든 유통과정 동안에는 최적의 저온을 유지하기 위해 저온유통체계(cold chain system)가 실용화되고 있다. 온대 원산의 절화는 0~5℃, 열대 원산의 절화는 8~15℃가 적온이다.

상대습도

절화는 생체중의 10~15%가 손실되면 시들기 시작한다. 세포 사이의 공간인 세포간극의 상대습도는 100% 정도이나 대기 중은 이보다 훨씬 낮다. 따라서 대기 중의 상대습도가 높을 때에는 수분손실이 억제된다. 따라서 모든 유통과정 동안에는 높은 습도를 유지하면서 공기를 적당하게 순환해 줄 필요가 있다. 절화에 물을 분무하거나 가습기를 설치하여 절화 주변의 상대습도를 95% 정도로 유지하는 것이 바람직하다.

빛

빛은 절화의 수명에 미치는 중요한 요인이 아니다. 특히 당이 포함된 절화보존제를 사용하는 경우에는 빛의 영향이 더욱 적다. 그러나 강광이나 조명 등과 같은 직사광은 절화의 체온 상승을 초래하므로 절화의 증산이 촉진되고 수분 스트레스를 야기한다. 그러나 분산광은 잎의 황변과 탈락을 지연시키므로 절화는 100Lux 정도의 저광도에서 보존하는 것을 원칙으로 한다. 이 경우 빨간색과 푸른색의 혼합광은 절화의 선도 유지에 유리하다. 그러나 알스트로메리아, 국화, 달리아, 글라디올러스 등은 광도가 낮으면 잎이 황변하기 쉬우며, 봉오리 개화를 시도할 때에는 반드시 빛이 있어야 한다.

바람

절화가 시드는 것은 증산량이 흡수량보다 많아 수분균형이 악화되기 때문이다. 그 원인은 박테리아나 식물체 분비물 등에 의한 도관폐쇄가 주요 원인이긴 하지만, 강한 바람이나 선풍기에 의해 증산이 촉진되기도 한다.

에틸렌

절화는 깨끗한 공기 하에서 최상의 품질을 유지한다. 대기 중의 에틸렌 농도가 높으면 절화의 수명이 단축된다. 대기 중의 에틸렌 농도는 대개 0.003~0.005μL · L^{-1}(3~5ppb)이지만, 가을과 겨울에는 이 수치보다 높다. 물질의 연소는 에틸렌의 발생원 가운데 하나이므로 복잡한 도심 가운데 있는 플라워샵은 에틸렌 농도가 높은 편이다. 성숙한 과일이나 채소, 오래되고 시든 꽃, 물리적 상처를 받은 꽃, 부패 중인 식물체는 다량의 에틸렌을 발생하므로 절화 주변에서 제거해야 한다. 이외에도 플라스틱 제품이나 폴리에틸렌 호일도 에틸렌의 발생원이다.

에틸렌의 작용을 억제하는 방법으로는 대기 중의 이산화탄소 농도를 높여주거나, 환기를 자주 하거나, 에틸렌의 발생원을 제거하거나, 대기 중에 있는 에틸렌을 흡착하거나, 보존용액에 에틸렌의 생성이나 작용억제제를 첨가하는 등의 방법이 있다.

흡수 촉진법

절화는 수확 후 바로 물올림을 해야 하는데 이 과정에서 선도 유지 물질을 절화에 흡수시켜 수명을 연장시킬 수 있다. 물올림할 때의 물의 pH는 3~4로 산성화해서 미생물의 발생과 증식을 억제하고 수분의 흡수력을 증가시킨다. 이때 펄싱처리를 하면 절화의 수명이 더욱 연장된다. 나리, 숙근안개초, 카네이션, 글라디올러스, 금어초, 장미 등에서 널리 사용되고 있다.

재수화

재수화(rehydration)는 컨디셔닝(conditioning)이라고도 하며, 저

장고 안이나 수송 중에 물이 공급되지 않아 수분 스트레스를 받은 절화의 물올림을 촉진하여 절화의 팽만성을 회복시키는 것이다. 물의 온도가 38~40℃일 때 수분의 이동이 가장 활발하므로 서늘한 장소에서 38~40℃의 따뜻한 물에 절화를 수 시간 침지한다. 절화가 너무 많이 시들었을 때에는 절화 전체를 물속에 담그기도 한다. 이때 물의 pH는 3.5 정도가 바람직하다.

펄싱

펄싱(pulsing)은 수송이나 저장 전에 4~16시간 동안 단시간 처리하는 것으로, 이 처리는 모든 유통 과정 동안 절화의 품질과 수명에 큰 영향을 미친다. 펄싱용액의 구성물질은 절화의 종류나 품종에 따라 다르지만 공통의 성분은 당이며, 당의 농도는 보존용액보다 높은 농도를 사용한다.

절단면 넓히기

절화의 수분 흡수는 주로 줄기의 절단면에서 일어나기 때문에 수분의 흡수를 촉진하기 위해서는 줄기의 기부를 예리한 칼이나 전정가위로 경사지게 자르는 것이 좋다. 목본성 절화의 절단면을 넓히기 위해서는 줄기의 끝을 십자로 자르거나 자른 부분을 으깨기도 한다. 그러나 이러한 물리적 처리는 용액 내에 살균제가 첨가되어 있지 않으면 미생물의 증식을 초래하여 도관폐쇄의 원인이 될 수도 있다.

깊게 담그기

고온이나 취급 부주의로 절화가 마르기 시작할 때에는 절화를 꽃목까지 물속에 담가 선도를 빨리 회복시킨다. 이 처리의 원리는 수압에 의해 강제로 수분을 흡수시키는 것으로 꽃까지 수분이 이동되는 시간을 단축시킨다. 장미의 꽃목굽음이 일어났을 경우에도 절화를 깊게 담그면 꽃목이 바로 서며 어느 정도의 상품성을 회복할 수 있다.

얕게 담그기

줄기의 기부를 3~10㎝ 정도의 얕은 물에 담그는 방법으로, 줄기를 깊게 담그는 것이 좋지 않은 절화에 사용하는 방법이다. 거베라와 같이 줄기가 연약하고 뭉그러지기 쉬운 절화나 대부분의 구근류는 물올림이 좋기 때문에 지나친 수분의 흡수는 개화와 노화를 촉진하게 되므로 얕게 담그는 것이 유리하다. 이러한 절화류는 물에 잠겨 있는 조직들이 쉽게 뭉그러지는 성질이 있기 때문에 물을 자주 갈아 주거나 재절단하는 것이 좋다.

열탕처리

열탕(hot water)처리는 절화 줄기의 기부 10㎝ 정도를 80~100℃의 물에 수~60초 간 담근 후 찬물에서 물올림하는 방법이다. 원리는 식물체 내의 수분이 증기상태로 팽창하게 되고 그 장력으로 수분을 끌어 올리게 된다. 열탕처리를 할 때에는 잎이나 꽃이 뜨거운 증기에 쏘이지 않도록 주의해야 한다. 숙근안개초, 국화, 거베라 등의 시든 절화나 장미, 라일락 등의 목본성 절화는 수명연장에 효과가 있다. 포인세티아, 양귀비와 같이 줄기에서 유액 등이 나오는 경우에는 열탕이나 탄화처리하는 것이 필수적이다. 그러나 종에 따라서는 노화가 촉진되는 경우도 있다.

탄화처리

줄기 절단면의 1~2㎝ 정도를 약한 불르 수~30초 정도 태운 다음 찬물에 넣는 방법을 탄화처리(carbonizing)라 한다. 이 방법은 상사화, 아마릴리스, 칼라 등에서처럼 줄기 끝의 갈라지는 현상을 방지하지만 효과가 없는 종도 있다.

강제주입

수련이나 연과 같이 수분의 흡수가 좋지 않은 절화에 소형 펌프를 이용하여 절단 부위를 통해 강제로 물을 주입시키는 방법이다.

재절단

재절단(recutting)은 줄기의 절단 부위를 물에 꽂기 전에 다시 자르는 것을 말한다. 이때에는 줄기의 기부를 물속에서 2~3㎝ 정도 자르는 수중절단법을 이용한다. 이 방법은 모든 화훼류에 손쉽게 적용할 수 있는 흡수

촉진법이다. 원리는 공기 중에서 줄기를 자르면 도관에 공기가 들어가고 물기둥이 끊겨 물이 잘 올라가지 못하므로, 줄기를 물속에서 잘라 도관의 물기둥이 끊기지 않도록 하여 흡수의 촉진을 꾀하는 것이다. 모든 절화는 절단 후 바로 물속에 두어야 한다.

장미의 꽃목굽음이나 튤립, 거베라 등의 줄기가 굽기 시작할 때에도 물속에서 줄기를 재절단한 후 신문지 등에 말아서 물에 꽂으면 꽃목이나 줄기가 바로 서게 된다.

깨끗한 용기 쓰기

화병(꽃병, flower vase) 등의 용기는 절화를 꽂기 전 항상 깨끗해야 한다. 용기는 세제로 깨끗이 씻고 더운 물로 헹군 다음 말려서 이용한다. 깨끗하지 못한 용기에는 미생물이 남아 있다가 물속에서 급속히 증식하여 절화로 옮겨간다. 또 물속에 담긴 줄기 또는 잎으로부터 스며 나오는 세포액은 탄수화물이나 아미노산 등을 함유하고 있기 때문에 미생물의 증식이 급속히 촉진된다. 이들 미생물은 도관을 막음으로써 수분의 흡수를 저하시킨다. 따라서 깨끗한 용기와 물은 절화의 수명연장에 매우 중요하다.

증산 억제

환경조절

실내환경은 대개 명암주기가 있다. 주간에는 온도가 높고 빛이 있고 기공이 열려 증산과 증발량은 야간의 수십 배에 달하며, 주간에 악화된 절화의 수분상태는 야간에 회복된다. 암 상태에서 절화를 보관하면 수분 유지에 관한 한 매우 양호한 상태를 유지한다. 그렇다 하더라도 시간이 경과함에 따라 증산과 증발량은 감소하고, 노화의 진행으로 기공의 개폐 기능이 저하되고, 줄기의 통도저항이 증대하기 때문에 절화의 수분 상태는 점차 악화되기 마련이다.

흡수량을 많게 하면 절화의 수분 상태가 양호해지는 것이 아니라, 절화의 수분 상태가 양호하면 생장이 계속되고 노화가 지연되므로 흡수량이 많아지게 되는 것이다. 중요한 것은 증산과 증발에 의한 수분손실이나 세포용적의 증대에 알맞은 흡수가 이루어지는가의 문제이다. 카네이션의 절화는 장미에 비해 증산과 증발량이 적어 선도유지가 비교적 쉬운 편이다.

따라서 흡수량의 증대보다는 증산량을 적게 유지할 수 있는 환경설정이 더욱 중요하며, 그 환경은 저온(low temperature), 암(dark), 90~95%의 높은 상대습도이다.

적엽

잎의 면적이 큰 장미나 수국은 연속조명 등과 같이 증산과 증발이 심한 조건에서는 수분균형의 유지가 어렵지만 잎을 따주는 적엽처리로 위조와 관상기간을 다소 연장시킬 수 있다.

절화보존제

절화의 선도유지에 사용되는 화학약제는 선도유지제, 수명연장제, 연명제, 품질보존제, 절화보존제 등 그 명칭이 다양하지만, 영어로는 floral preservatives라고 한다. 절화보존제에는 처리방법에 따라 전처리제(펄싱용액, pulsing solution)와 후처리제(보존용액, holding solution)가 있다. 전자는 생산자가 출하 전에 단시간 처리하는 것이며, 당과 에틸렌억제제인 치오황산은(silver thiosulfate, STS)이 대표적인 성분이다. 후자는 플라워샵이나 소비자가 주로 장기간 사용하는 보존용액을 말하며, 당, 살균제, 에틸렌억제제, 계면활성제, 생장조절물질, 유기산, 무기염 등을 주요 성분으로 한다.

물

절화는 순수한 물을 사용하면 보존용액의 수분포텐셜이 높아 수분 스트레스를 받지 않는다. 탈이온수(deionized distilled water) 또는 증류수 등이 바람직하지만 이것을 사용하는 것은 쉬운 일이 아니기 때문에 주로 수돗물을 끓여서 식힌 다음 여과하거나 침전물을 제거한 후 사용한다. 끓인 물은 공기 함유량이 적어 쉽게 흡수된다.

당

뿌리로부터의 양분공급이 차단된 절화는 에너지 부족으로 꽃이 작아지고 화색이 선명하지 않으며 품질의 유지기간이 짧아진다. 당의 기능 가운데 가장 중요한 것은 에너지원이지만, 기공을 닫아 수분의 수지를 개선하고 꽃잎 세포의 팽압을 유지하며, 화색을 선명하게 유지하고 엽록소의 분해를 억제하며 꽃의 크기를 유지하는 등 절화의 품질 향상에도 기여한다. 또 봉오리 상태의 절화를 강제로 개화시키는 봉오리개화(bud flowering)뿐만 아니라, 숙근안개초, 스타티스, 꽃도라지, 글라디올러스와 같이 소화의 봉오리를 개화시키거나 수명의 연장을 위해서는 반드시 당이 필요하다.

당으로는 자당이 주로 사용되고 있지만, 포도당과 과당을 사용하기도 한다. 당의 최적농도는 펄싱용액 7~10%, 보존용액 3~5% 정도이나 종, 품종, 그리고 목적에 따라 그 농도는 2~30%로 다양하다.

그러나 당은 보존용액의 수분포텐셜을 낮추는 한편, 미생물의 증식을 야기하여 물의 흡수를 감소시킨다. 그러나 줄기에 고농도의 당을 인위적으로 흡수시킨, 즉 침투압이 큰 절화를 물에 꽂으면 흡수가 촉진되지만 미생물이 증식하는 것은 마찬가지이다. 이러한 이유 때문에 당은 단독으로 사용할 수 없으며 반드시 살균제의 첨가를 병행해야 한다.

살균제

위조는 수분수지의 불균형, 즉 증산량보다 흡수량이 적기 때문에 일어난다. 그 원인 가운데 한 가지는 미생물이 절단부 부근에서 증식하기 때문에 일어나는 도관폐쇄이다. 살균제로는 8-HQ(hydroxyquinoline), 암모늄, 질산은, 차아염소산 등이 있다. 이외에도 미생물의 증식을 억제하기 위해 구연산이나 초산 등을 첨가하여 용액의 pH를 3~4로 낮추거나, 수온을 낮추고, 대기 중의 상대습도를 높여주고, 깨끗한 용기를 사용하고, 물을 자주 갈아주고 흔들어 주기도 한다. 살균제의 일종인 황산암모늄은 미생물이나 콜로이드 입자를 모아 침강시키는 효과가 있다.

에틸렌 억제제

에틸렌은 꽃잎의 위조, 낙화(flower abscission), 낙뢰(flower-bud abscission)를 야기하고 수명을 단축시킨다. 이를 방지하기 위해 에틸렌 억제제를 사용하고 있는데, 에틸렌억제제로는 에틸렌의 생성을 억제하는 생성억제제와 작용을 억제하는 작용억제제가 있다.

에틸렌의 생성억제제로는 aminooxyacetic acid(AOA), aminoethoxyvinyl glycine(AVG)과 α-aminoisobutylic acid(AIB), methoxyvinyl glycine(MVG) 등이 있다. STS 보다 효과가 낮은 편이지만 네덜란드에서는 환경문제를 고려하여 카네이션에 AOA를 장려하고 있다.

은이온(Ag^+)은 강력한 살균작용과 함께 에틸렌의 활성을 억제하지만 양이온이므로 -전하를 띠는 도관과 결합하면 이동이 불가능하다. 그러나 초산은($AgNO_3$)과 치오황산나트륨($Na_2S_2O_3 \cdot 5H_2O$)을 혼합하면 양이온이 음이온으로 바뀌어 흡수가 용이하게 되는데, 이렇게 만들어진 것이 STS이며, 가장 광범위하게 사용되고 있다. STS는 에틸렌의 자기촉매적 생성과 활성을 억제하며, 연소 가스 등과 같은 외생 에틸렌(exogenous ethylene)의 작용도 억제한다. 또 2,5-norbormadiene(NBD), diazocyclo pentadiene(DACP), 1-Methylcyclopropene(1-MCP) 등도 에틸렌의 작용억제제로서 사용되고 있다.

계면활성제

흡수력이 낮은 스톡이나 마가렛 또는 증산량이 많은 숙근안개초나 스프레이카네이션 등은 계면활성제(surface active agent) 처리로 흡수량을 증가시켜 위조를 방지하고 수명을 연장시킬 수 있다. 계면활성제로는 음이온계의 고급 알코올황산에스텔염이나, 비이온계인 polyoxyethylenelauryl ether 또는 Tween-20이나 Triton X-100 등이 효과적이며 가정용 중성 세제도 사용할 수 있다.

생장조절물질

시토키닌은 에틸렌에 대한 꽃의 민감도 감소, 에틸렌 생성의 억제, 노화의 지연, 저온에 대한 내성의 증대, 잎의 황변을 지연시키는 등의 효과가 있고, 옥신은 포인세티아의 노화 및 낙화 지연에 유효하며, 지베렐린은 봉오리 개화와 엽록소 유지에, ABA는 광선 하에서의 기공폐쇄에 큰 역할을 한다. 생장억제제도 환경 스트레스에 대한 꽃의 내성 증대와 노화 지연에 효과가 있다.

유기산

유기산(organic acids)은 물의 산성화, 수분균형의 개선, 도관폐쇄의 감소, 미생물의 증식을 억제한다. 황산, 구연산, 아세트산, 아스코르브산, 주석산, 안식향산 등이 있으나, 구연산이 가장 많이 사용되고 있다. 용액의 pH는 3~4 정도가 이상적이다.

무기염

대사활성의 조절을 통해서도 절화의 수명 연장을 꾀할 수 있다. 이를 위해서는 칼슘, 알루미늄, 붕소, 구리, 니켈, 아연 등의 무기염류가 사용되고 있다. 무기염의 농도가 200mg · L^{-1} 이상이면 장미, 국화, 카네이션의 절화는 수명이 단축되고, 글라디올러스 절화는 700mg · L^{-1} 정도에서 피해를 받기 쉬우므로 무기염을 사용할 때에는 사용 농도에 주의해야 한다.

제9부

화훼의 육종

24. 화훼의 유행은 빠르게 변화한다

24

화훼의 유행은 빠르게 변화한다

화무십일홍이라 했듯이 소비자는 아무리 좋은 꽃이라 하더라도 일정기간이 지나면 싫증을 내기 마련이다. 생산자가 꽃의 품질을 개선한다 하더라도 꽃에 대한 소비자의 기호는 다양하고 변화하기 쉽다. 소비자의 욕구를 충족시키고 화훼의 생산과 소비의 확대를 위해서는 늘 새로운 종이나 품종이 만들어져야 한다. 화훼의 유행은 빠르게 변화하기 때문이다.

화훼는 새로운 품종을 들여오는 도입기, 생산량이 증가하는 성장기와 성숙기, 생산량이 답보상태인 포화기, 생산량이 줄어드는 감소기를 거쳐 시장에서 소실되는 라이프사이클을 가지고 있으며, 이 사이클은 비교적 짧다. 주요 절화의 라이프사이클을 보면, 솔리다스터, 알스트로메리아, 숙근안개초 등은 성장기에, 스타티스, 튤립, 스프레이카네이션은 성숙기에, 장미, 카네이션은 포화기에, 안스리움, 아스파라거스, 극락조화는 감소 및 소실기에 있다. 감소 및 소실기에 있는 화훼는 장기간 품종의 개량이 이루어지지 않은 종류들이다.

육종의 목표

소비자의 욕구를 충족시키기 위해서는 꽃의 모양과 색깔의 다양화는 물론이고 향을 첨가하는 등의 노력이 필요하다. 생산자를 위해서는 유전적인 균일성을 향상시키고 생산성에 관여하는 형질의 개량도 중요하다. 육종(breeding)의 목표는 화형, 화색 등의 관상가치와 이용적성, 생산성 향상, 주년생산 능력, 병충해 저항성, 유통적성 등의 형질로 대별할 수 있다. 그러나 이들 목표는 현재의 시장이나 소비자의 기호에 덧붙여 장래의 전망을 예측해서 결정하여야 한다.

관상가치와 이용적성

그 시대의 기호에 알맞은 화형, 화색, 향기, 초형, 다화성 등의 관상가치가 있으면서도 절화의 물올림과 꽃의 수명이 긴 품종의 창출을 목표로 한다.

① 화형

화형(flower form)은 일반적으로 꽃이 크고 아름다운 것을 목표로 한다. 그러나 과꽃, 카네이션, 국화 등은 홑꽃보다 겹꽃을 선호하고 장식효과도 크지만, 카네이션은 꽃잎의 수가 적당하여야 한다. 나리, 튤립, 도라지 등은 입체적 화형을 선호하며, 장미는 꽃잎의 끝이 칼 모양이고 중심이 높은 반개화형이 인기를 끈다. 꽃잎의 모양은 찢어진 것이나 꽃잎의 가장자리가 뒤로 젖혀지는 것 등도 인기가 있다. 국화는 꽃잎의 폭이 넓고 끝이 안으로 휘는 포옹형이 바람직하다. 꽃꽂이용으로는 꽃이 위로 향하는 것이 좋다. 꽃의 색채 효과는 꽃잎이 가는 것보다 넓은 것이 크다. 금어초나 글라디올러스 등은 소화의 수가 많을수록 좋다.

② 화색

화색은 선명하고 지금까지 그 종에 없었던 색이나 두 가지 색 이상의 조합으로 색깔의 변화가 풍부한 것 등이 바람직하다. 화색의 인기도는 일반적으로 빨간색, 분홍색, 오렌지색, 노란색, 흰색, 자색이 중간색이나 선명하지 않은 색보다 높다. 매리골드는 흰색, 아잘레아, 나팔꽃, 스위트피, 꽃창포, 제비붓꽃 등은 노란색, 카네이션, 거베라, 글라디올러스, 장미, 튤립 등은 푸른색, 독일붓꽃, 꽃창포, 제비붓꽃 등은 빨간색, 국화, 글라디올러스, 난초, 페튜니아, 백일홍 등은 녹색이 육종의 목표로 되어 있다.

③ 엽색

엽색(leaf color)은 무늬식물을 목표로 한다.

④ 초형

초형(plant form)은 꽃과 줄기가 균형을 이루어야 한다는 원칙 아래 꽃

꽃이용은 초장이나 화경이 긴 것, 잎은 경사지고 농록색으로 광택이 있고, 줄기는 길고 강건하고, 화수(꽃목, neck)와 절간은 짧은 것이 좋다. 분화 및 화단용 화훼는 초장이 낮고 수세가 강하고, 줄기는 아래쪽에서 분지가 왕성해야 하며, 잎은 수평으로 무성하여 돔형을 이루면서 줄기에 조밀하게 붙고, 꽃목과 잎자루는 짧고, 꽃은 식물체를 덮거나 중심부에 집중되어 잎과의 조화 및 전체가 균형을 이루어야 한다.

⑤ 향

향은 꽃 육종의 중요한 목표이다.

생산성 향상

단위면적당의 생산성을 높이기 위해서는 수확량이 많고, 밀식(dense planting)이 가능하고, 재배기간이 짧고, 빨리 개화하는 품종의 육성이 바람직하다. 종류에 따라서는 기계화 적성이나 번식력도 요구되고 있다.

주년생산 능력

꽃을 연중 생산하기 위해서는 일장이나 온도에 대한 반응성이 민감해야 하며, 개화시기의 확대, 즉 사계성(ever-bearing)이 부여되어야 하며, 로제트가 없어야 하고, 저온이나 고온에서도 개화할 수 있는 성질을 부여하는 등의 노력을 하고 있다.

카네이션과 장미는 한 계절에만 꽃이 피는 일계개화성(one-season blooming)이지만 사계성을 부여하여 개화기간을 연장할 필요가 있다. 하국은 4월 하순, 추국은 1월 하순으로 개화시기를 전진 또는 후진시킬 필요가 있으며, 나리나 튤립 등의 추식구근은 촉성용 품종을 육성하여야 하며, 스톡이나 스위트피 등은 저온요구성을 없애서 주년생산을 도모하고, 금어초는 장일 요구성을 없애서 가을이나 겨울에 개화시키며, 아게라텀, 매리골드, 샐비어 등은 내서성을 부여하여 고온에서 개화의 일시정지 현상을 방지하여야 한다.

병충해 저항성

연작장해를 회피하기 위해 토양 전염성 병해 및 해충에 대한 저항성 품종을 만들 필요도 있다.

유통적성

에틸렌에 대한 감수성이 낮거나 수송에 적합하도록 꽃잎이 경사지는 등 화훼의 초형 개선에도 노력하여야 한다.

육종방법

화훼의 육종방법은 도입육종, 분리육종, 교잡육종, 잡종강세육종, 돌연변이육종, 배수성육종, 생물공학기법 등이 있다. 어떤 육종법을 이용할 것인가는 작물의 번식양식, 과거의 육종 경과 및 대상 형질의 유전양식 등에 따라 다르다. 그러나 육종과정의 공통점은 유전적 변이(genetic variation)의 확대, 선발(selection), 고정, 증식의 과정을 거쳐야 한다. 이 가운데 유전적 변이를 어떻게 확대하고 이용할 것인가 하는 문제가 가장 중요하다.

도입육종

도입육종(introduction breeding)은 특정 국가에 존재하지 않는 종이나 품종을 외국으로부터 도입하여 재배함과 동시에 육종의 소재로서 이용하는 것이다. 또 자생식물을 원예화하는 것도 도입육종에 해당된다.

분리육종

분리육종(breeding by isolation)은 계통분리(line separation)라고도 하며, 교잡(crossing)을 하지 않고 유전적 변이가 있는 품종이나 종의 집단에서 희망 형질을 갖는 개체나 계통(line)을 선발하여 자가수정 또는 같은 종류의 개체 간 교배로 형질의 고정화를 도모하는 육종법이다.

교잡육종

교잡육종(cross breeding)은 유전형질이 다른 품종간(varietal), 종간(interspecific) 또는 속간(intergeneric) 교잡을 통해 유전적 변이의 폭을 넓혀서 잡종 제 2대인 F_2 세대 이후의 분리세대(segregating generation)에서 개체 또는 계통을 선발하여 형질의 고정을 도모하는 방법으로, 유전적 변이의 확대를 위해서는 계통분리보다 적극적인 육종법이다.

일년초 등의 종자 번식성 작물에 있어서는 고정화에 8세대 정도가 필요하지만 국화, 카네이션 등의 영양번식성 작물은 잡종 제 1대인 F_1 세대에서 고정시킬 수 있으므로 고정에 필요한 기간이 짧다.

잡종강세육종

품종간 교잡으로 얻은 일대잡종(F_1 hybrid) 개체가 양친에 비해 수량, 품질, 내병성 등이 우수한 경우에 이를 잡종강세(hybrid vigor)라고 한다. 또 F_1 개체는 균일성이 높은데, 이러한 우수성을 이용하는 방법이 잡종강세육종(heterosis breeding)이며, 일대잡종육종(F_1 hybrid breeding)이라고도 한다. 이 방법은 F_1 세대를 품종으로 이용하기 때문에 자식(selfing)에 의해 얻은 F_2 세대에서는 형질이 분리된다. 따라서 다음 세대의 종자는 자가채종(home seed production)하여 사용할 수 없는 특징이 있다. 또 육종방법도 다수의 교배조합(cross combination) 가운데 잡종강세가 큰 조합을 찾아내는 한편, 높은 잡종강세를 나타내는 교배 모본(parent, mother plant)의 육성에 주안점을 두고 있다.

돌연변이육종

돌연변이육종(mutation breeding)은 유도된 유전적 변이체로부터 목적 형질을 선발하여 고정하는 방법이다. 돌연변이의 자연발생률은 백만에서 천만 분의 1로 낮기 때문에, X선, γ선, 중성자 등의 방사선(radiation)이나 EMS, NaN_3, NMU 등의 돌연변이원(mutagen)을 사용하여 돌연변이의 발생률을 향상시키고 있다. 아조변이(bud mutation)는 돌연변이의 좋은 예이다.

배수성육종

콜히친 등의 약제를 처리하면 염색체의 수가 2배로 되고 이들 식물체는 거대화되거나 꽃이 커진다. 배수성육종(polyploidy breeding)은 이와 같이 염색체의 수를 배가(doubling)함으로써 형질의 향상을 도모하는 방법이다. 자연에서의 배수체(polyploid)로는 장미(4*n*), 유스토마(4*n*), 국화(4~10*n*), 달리아(8*n*) 등이 있으며, 인위적인 배수체로는 팬지(4*n*), 페튜니아(4*n*), 시클라멘(4*n*), 코스모스(4*n*) 등이 있다.

또 이배체(diploid)와 사배체(tetraploid)의 교배로 얻은 삼배체(triploid)는 이수체(aneuploid)로서 보통의 이배체보다 특정 염색체가 하나 더 많다. 그 예로는 *Begonia semperflorens*, 튤립의 'Darwin hybrid', 구근아이리스 'Wedgewood', 나팔수선 'King Alfred' 등이 있다.

생물공학 기법

생물공학(biotechnology)이란 생물의 능력을 최대한 이용하는 조직배양, 세포융합, 유전자전환 등의 기술로서 화훼의 육종에 직·간접적으로 관여한다. 관행의 육종법이 주로 화훼의 종간 또는 품종 간의 유전적 변이를 이용하는 것인데 비해 생물공학기법은 육종 소재의 대상범위를 종간이나 속간은 물론이고 생물 전체로도 넓힐 수 있다. 생물공학 기법을 이용하는 육종이나 육종의 보조수단으로 활용되는 예는 아래와 같다.

① 약배양, 화분배양, 자방배양, 배주배양

약배양(anther culture), 화분배양(pollen culture), 자방배양(ovary culture), 배주배양(ovule culture)은 암수의 배우자를 배양하는 방법으로 염색체의 수가 반감된 반수체(haploid)의 육성을 목표로 하기 때문에 반수체육종(haploid breeding)이라고 한다. 배수체 식물에서 반감된 염색체의 수를 콜히친으로 배가시키면 동질의 이배체가 된다.

이 기술은 내병성, 다수확 및 고품질 품종의 육성, 순계(pure line) 유지 등에 활용되고 있으며, 이 가운데에서 우량형질의 개체를 선발하면 고정종(purebred variety)이 되므로 육종의 연한을 크게 단축시킬 수 있다.

반수체 식물의 획득은 약이나 화분배양이 자방이나 배주배양보다 쉽다. 나팔꽃, 제라니움, 아프리칸바이올렛, 프리지어, 나리, 페튜니아, 프리뮬러 등 200종 이상에서 반수체 식물을 얻고 있다.

② 배유배양

배유는 하나의 웅성배우자와 두 개의 자성배우자가 융합된 산물이므로 삼배체이다. 배유로부터 유도된 개체는 삼배체식물로 불임성(sterility)이므로 종자가 없어 유리한 경우도 많다. 배유배양(endosperm culture)은 이배체와 사배체(tetraploid) 간 교잡의 대안으로, 또 이들 간에 교잡이 잘 안되는 경우에 유용하다.

③ 기내수분, 기내수정, 배배양, 배주배양, 자방배양

변이의 확대를 목적으로 원연교잡(wide cross) 또는 교잡이 어려운 교배조합으로는 수정이 잘 되지 않는다. 이러한 수정장해(fertilization barrier)를 극복하기 위해 기내수분(in vitro pollination) 또는 기내수정(in vitro fertilization)을 도모한다. 수정이 되었다 하더라도 배의 형성이 정지 또는 퇴화되는 등으로 인해 잡종배(hybrid embryo)가 정상으로 발달하지 않는 경우가 많다. 이럴 때는 배의 발육정지 이전에 잡종배를 적출하여 미숙배배양(immature embryo culture)을 하거나, 배주배양 또는 자방배양을 해서 잡종 식물을 얻는 방법이다.

④ 세포배양

세포배양(cell culture)은 유리세포(free cells)나 단세포(single cell)를 분리하여 캘러스를 만들고 캘러스배양(callus culture)을 통해 완전한 식물체를 생산하는 것으로, 이 기술은 돌연변이육종의 소재나 유전자변환식물(genetically modified plant, GMP)의 육성에 이용되고 있다.

⑤ 원형질체 융합

원형질체 융합(protoplast fusion)은 성적 불화합성(sexual incompatibility)으로 인해 교배가 불가능한 원연종 간의 교잡으로 잡종

식물을 얻는 방법이다. 원형질체란 세포에서 세포벽이 제거된 나출세포(naked cell)를 말한다. 이 기술은 두 종류의 체세포를 융합시키는 것이므로 체세포교잡(somatic hybridization)이라고도 한다. 원형질체가 융합되면 캘러스를 경유하여 신초와 뿌리가 발생되고 체세포 유래의 잡종 식물체로 발달하게 된다.

⑥ 유전자전환

유전자전환(gene transformation)은 희망하는 외래유전자(foreign gene)를 세포 속으로 직접 도입하는 것이다. 이 기술은 유전자의 운반체(벡터, vector)를 이용하여 식물의 유전자뿐만 아니라 목적 형질을 갖는 다른 생물의 유전자를 대상 작물에 직접 넣을 수 있어서 육종의 소재를 생물 전체로 확대할 수 있다.

유전자전환 기술은 목표 유전자의 단리기술, 외래유전자의 도입기술, 조직배양기술의 3개로 이루어져 있다. 현재의 문제점으로는 유전자의 단리(isolation)가 어렵고 벡터의 종류가 적어 형질전환율이 낮다. 수량, 생장속도 등 화훼의 양적 형질은 다수의 주동유전자(major gene)에 의해 지배되고 있어 특정한 다수의 유전자를 단리한다는 것이 쉽지 않다. 그러나 화색과 같은 질적 형질은 소수의 유전자에 의해 지배되고 있어서 그 가능성은 보다 높다.

⑦ 미세번식

미세번식은 신품종의 증식, F_1 육종을 위한 모본의 증식, 그리고 반수체, 웅성불임(male-sterile)개체, 삼배체, 이수체, 염색체나 유전자 이상 조합 식물의 유지 및 증식 등 유전적으로 등일한 영양계를 단기간에 대량생산할 수 있어 육종기간의 단축에 크게 기여하고 있다. 뿐만 아니라 이 기술은 분리세대에서 우수개체의 급속증식에 의한 품종화, 돌연변이체(mutant)의 선발기회 확대에 기여함은 물론이고 유전자 조작과 관련된 필수적인 기술이다.

⑧ 생식질저장

유용한 유전자를 보존하기 위해서는 매년 또는 수년마다 파종해야 하는 번거로움이 있다. 유용 유전자를 포함하는 생식질(germplasm)의 저장은 -196℃의 액체질소에서 저장하는 냉동보존(freeze preservation)과 1~9℃에서 저장하는 저온저장(cold storage)이 있다.

신품종의 보호

신품종(new cultivar)의 육성에는 장기간이 소요되므로 많은 경비가 필요하다. 그러나 신품종의 증식은 비교적 쉬운 편이기 때문에 육성자의 의지와는 무관하게 제삼자가 증식하여 판매함으로써 육성자의 노력이 허사로 되는 경우가 많다. 육성자가 보수를 받지 못하면 육종이 정체되고 새로운 종이나 품종의 유통이 줄어 소비자의 불만이 커지기 마련이다. 이 때문에 신품종 육성의 진흥을 도모하고 육성자의 권리를 보호하기 위해 신품종은 공업적인 발명품과 같이 법률적으로 보호를 받을 수 있는 식물품종보호제도가 제정되어 있다.

국제적으로는 식물신품종보호국제동맹(UPOV)이 1969년에 발족하였다. 1998년 4월 24일에 발효된 등록품종의 유효기간은 보통 식물이 20년이고 관상수, 과수 등의 영년생 식물은 25년이며, 등록품종으로부터 돌연변이가 발생하면 등록자도 권리가 있다는 것 등이 주요 내용이다. 일본에서는 종묘법과 특허법에 의해, 미국에서는 식물품종보호법, 식물특허법, 특허법에 의해 신품종을 보호하고 있다.

한국 역시 2002년 1월 7일 UPOV에 가입하였으며, 법률적으로 신품종을 보호하고 있다. 하지만 외국산 화훼 종묘의 의존도가 높은 우리나라는 2002년 13억원, 2008년 135억원의 로열티를 지불했다. 2012년부터는 협약에 따라 UPOV가 지정하는 모든 작물에 로열티를 지불해야 하는데 그 금액은 엄청나게 늘어날 것으로 예상된다.

찾아보기

찾아보기

다

바

차

카

하

참고문헌

국내문헌

김규원(역). 1994. J. Nowak and R.M. Rudnicki 지음. 절화, 절엽, 분화류의 수확 후 취급 및 저장요령. 상경사.

김규원. 1999. 유용식물의 기내 급속증식, 최신생물공학(식물편 I) 109~143쪽. 경북대학교 출판부.

김규원, 김기선, 김종화, 김홍열, 백기엽, 이종석. 2005. 화훼재료 및 형태학. 위즈밸리.

김규원, 백기엽, 정삼택, 정재동(역). 1986. H.N. Krishnamoorthy 지음. 식물생장조절물질. 영남대학교출판부.

김규원, 전효중, 변미순, 이현주, 엄선정, 김정아. 2001. 화훼장식기능사 국가기술자격 종목개발연구. 한국산업인력공단.

김종화. 1999. 화색의 본질. 진솔.

농림수산식품부. 2009. 2008년 화훼재배현황. 농림수산식품부.

이종석, 박천호, 서정근, 정정학, 정병룡, 김영아, 김규원. 2005. 화훼품질유지 및 관리론. 위즈밸리.

한국원예학회. 원예학용어 및 작물명집. 한림원.

한국화훼연구회. 1998. 화훼원예학총론. 문운당.

외국문헌

Bhojwani, S.S. and M.K. Razdan. 1983. Plant tissue culture : Theory and Practice. Elsevier.

Bleasdale, J.K.A. 1977. Plant physiology in relation to horticulture. The Avi Publishing Co., Inc.

De Hertogh, A. and M. Le Nard. 1993. Botanical aspects of flower bulbs, in Physiology of flower bulbs(A. De Hertogh and M. Le Mard). Elsevier.

Dole, J.M. and H.F. wilkins. 2005 Floriculture : Principles and Species. Prentice Hall.

Hartmann, H.T., D.E. Kester, F. T. Davies, Jr. and R. L. Geneve. 1997. Plant propagation : Principles and Practices. Prentice Hall.

Ingels, J.E. 1994. Ornamental horticulture. Delmar Publishers Inc.
Kader, A.A. 1992. Postharvest technology of horticultural crops. University of California.
Lang, G.A. 1996. Plant dormancy : Physiology, Biochemistry and Molecular biology. CAB International.
North, C. 1979. Plant breeding and genetics in horticulture. The Macmillan Press. LTD.
Relley, H.E. and C.R. Shry. 2002. Introductory horticulture. Delmar.
Ridge, I. 2002. Plants. Oxford.
Salisbury, F.B and C.W. Ross. 1992. Plant physiology. Wadsworth.
Stern, K.R. 1991. Plant biology. Wm.C.Brown Publishers.
Terrell, E.E., S.R.Hill, J.H. Wiersema, and W.E.Rice. 1986. A checklist of names for 3,000 vascular plants of economic importance. USDA.
Uno, G., R. Storey and R. Moore. 2001. Principles of botany. McGraw Hill.
阿部定夫 등 7명. 1979. 花卉園芸學. 朝倉書店.
今西英雄 등 15명. 1997. 園芸種苗生産學. 朝倉書店.
加古舜治. 1985. 園芸植物の器官と組織の培養. 誠文學新光社.
小西國義, 今西英雄, 正井正憲. 1988. 花卉の開花調節. 養賢堂發行.
日本施設園芸協會. 1995. 野菜・果實・花きの高品質化ハンドブック. 養賢堂.
樋口春三. 1999. 觀賞園芸. 全國農業改良普及協會.

꽃과 화훼
Flower and Floricultural Crops

2010년 8월 25일 초판 발행

지은이 | 김규원
디자인 | 최훈석
만든이 | 정진해
펴낸곳 | 부민문화사
(140-827) 서울시 용산구 서계동 33-33(부민 B/D)
전화 : (02) 714-0521~3, 팩스 : (02) 715-0521
등록 : 1955년 1월 12일 제 201-00022호
http://www.bumin33.co.kr
E-mail : bumin1@bumin33.co.kr
정가 | 12,000원
공급 | 한국출판협동조합
ISBN 978-89-385-0134-9 93520
